JN298899

清く正しい本棚の作り方

(TT)戸田プロダクション

STUDIO TAC CREATIVE

目次

9 第1章 蘊蓄編

010 1.我々はなぜ、本棚を「自作」するのか？
- モノを「自作」する意義
- 家具屋の本棚の七不思議
- 結局、本棚は「自作」に限る

013 2.自作本棚のメリット
- 優れたコストパフォーマンス
- 「規格化」による組み合わせ
- 木工とは、極めて容易な作業の積み重ねだ

016 3.イメージを固める！
- 我々の本棚を構成する各部名称
- 全体的な寸法
- 必要にして充分な奥行き
- 側板や棚板の材質
- 棚板は固定式か？　可動式か？
- 全体は「上下分割式」で作る
- 目指すは「清く正しい本棚」だ！

23 第2章 設計編

024 1.詳細設計
- 詳細設計の位置付け
- 各棚板の高さ（本棚下部）
- 各棚板の高さ（本棚上部）

027 2.全体図の描き方
- 全体図とは？
- 大切な「ハカマ」の寸法
- 全体図（一覧表）にしてみよう
- ご注意！　Ａ４用棚の高さについて

030 3.木取り図の描き方
- サブロク合板のお話
- これが「木取り図」だ
- すべての材料は「長手方向」から切り出す
- 「のこしろ」について
- 　天井ピッタリ本棚について
- これで詳細設計は完了だ！

35 第3章 材 料 編

036 1.材木屋に行こう！
- 建材店に行く
- サブロク合板の種類
- 裏板は「完全な1枚モノ」とすべし

040 2.建具屋で切ってもらおう！
- 材料の裁断のお話
- 清く正しい職人の見分け方
- 裁断料金のお話
- 材料受け取り時の注意
- う〜ん、良い仕事してますねぇ

046 3.ホームセンターに行こう！
- 木工ボンドを買う
- 木ネジを買う
- 釘を買う
- 木工パテを買う
- 本命の塗料を買う
- 塗料は油性か？　水性か？
- 塗料の分量について
- その他の買い物について

53 第4章 組 立 編

054 1.組み立て前の下準備を行なう
- はやる気持ちを抑え、まずは下準備をしよう！
- 側板に、棚板の位置をケガキする
- ケガキの極意とは、誤差を「累積させない」工夫である
- 清く正しいケガキ線の引き方
- 側板に、木ネジ用の下穴をあける
- 穴あけ時の注意点
- ドリルについて

063 2.いよいよ組み立て作業を開始する！
- まず、バケツと濡れ雑巾を用意する
- 1枚目の棚板に、木工ボンドを塗り付ける
- 直角精度をキープしながら、1枚目の棚板をネジ止めする
- ハミ出た木工ボンドは完全に拭き取る
- 一番下の棚板の取り付け方
- 反対側の側板の取り付け方
- 締め込む木ネジが「効かない」時は？

070 3.仕上げ作業
- 本棚の「上部分」を組み立てよう
- 各部の直角を、再度点検しよう
- 最後に「ハカマ」を取り付けよう

清く正しい本棚の作り方

目次

73 第5章 塗装編

074 **1. 塗装工程の概要**
- おおまかな作業手順
- 塗装工程で必要な道具
- 作業場所の確保

078 **2. 下地処理**（パテ盛りとヤスリがけ）
- 木工パテを盛る
- 木工パテをツライチに削る
- 材料の「面」を取る
- 清く正しいヤスリがけ

082 **3. ペンキ塗り**（下塗りと上塗り）
- いよいよ下塗り!
- ペンキ塗りの極意
- 裏板を塗る
- 上塗りを何度か繰り返す

087 **4. 仕上げ**（水研ぎと仕上げ塗り）
- 水研ぎのやり方
- 仕上げ塗り

089 **5. 最終仕上げ**
- 裏板の貼り付け
- 清く正しい本棚、堂々の完成だっ!

91 第6章 設置編

092 **1. 本棚の設置方法**
- 完成年月日を記入する
- 本棚の「耐震考慮」の基本的な考え方
- 本棚が倒れる理由
- 重心を移動させない固定方法
- もう少し本格的な固定方法
- 壁面への直接固定方法
- 本棚の「上下」連結方法
- 和室に本棚を置く場合
- 和室の本棚の耐震考慮は「いつ」施すか?

104 **2. 本棚の電装方法**
- 本棚の「裏」にコードを通すには?
- 本棚の「中」にコードを引き込むには?
- 本棚に「スピーカー」を入れよう!
- ハカマに「電源コンセント」を付けよう!

110 **3. 規格化された本棚の並べ方**
- まずは「2本」の並べ方
- 本棚を増設して「4本」にする
- さまざまなバリエーション
- 興味深い「くし型」配置
- さらに妄想を逞しゅうすると
- 人生は長く、住まいは変わる
- 一度作れば50年は使える「清く正しい本棚」
- あなたにも必ず本棚は作れる!

121 **第7章 実践編**

- 1-1 板の材質と特徴
- 1-2 木取り図を描こう
- 2-1 建具屋に裁断依頼
- 2-2 パネルソーとは?
- 2-3 いよいよ断裁開始!
- 2-4 職人の仕事
- 2-5 ホームセンターのパネルソー
- 3-1 工具と材料
- 3-2 便利道具と代替道具
- 4-1 断裁済みの材料を確認する
- 4-2 ケガキ線を書く
- 4-3 側板に木ネジの下穴をあける
- 5-1 いよいよ組立開始!
- 5-2 ボンドの量
- 5-3 2枚目の棚板の取付
- 5-4 次々と棚板を取り付ける
- 5-5 もう1枚の側板の取付
- 5-6 上段部の組立
- 5-7 ハカマの取付
- 6-1 パテを盛る
- 6-2 ヤスリがけ
- 7-1 下塗りと塗装の順序
- 7-2 ステインの下塗り
- 7-3 下塗りの完了
- 8-1 ヤスリがけと上塗り
- 8-2 ステインの上塗り
- 9 水研ぎと仕上げ塗り
- 10 裏板の貼り付け
- 11 本棚の完成

185 **第8章 資料編**

186 **1. 奥行き145ミリタイプのバリエーション**
- 全10段・コミック/新書専用タイプ【収納量約420〜500冊】
- 全9段・A5単行本専用タイプ【収納量約220〜500冊】
- 全14段・音楽CD専用タイプ【収納量約840枚】
- 薄型タイプの「木取り図」に関する考察
- 各薄型タイプ1本毎の必要材料
- ハカマ材を、どう確保するのか?
- サンパチ合板を使用する方法

193 **2. 本書第7章「実践編」の木取り図**

はじめに

　たった今、あなたが手にしたこの本は「自作本棚の作り方」について書かれた本である。そう、「自作」の本棚だ。どこのご家庭にでもある本棚を、「思い切って自分で作ってしまおう！」という本なのだ。

　あなたを含めて、世の中の「本好き」と呼ばれる人々にとって、本棚とは蔵書を整理するために必要不可欠な「ハードウェア」である。本を買う、本棚に入れる、本を買う、本棚に入れる、そしてまた本を買う…そんなことを繰り返すうちに、本というものは必ず本棚から溢れ出してしまうものだ。有名なマーフィーの法則に「買ってきた冷蔵庫はいつも必ず一杯になる」という一節があるが、それと同じことは我々の本棚についても言えるのではないか？

　にもかかわらず、世の中に流通している市販の本棚に、我々の希望を満たす「理想の本棚」はなかなか見つからない。最近でこそ、インターネットでさまざまな商品が簡単に検索可能となったが、それでも最高の本棚を入手し心から満足している人を、私はほとんど見たことがない。

　家具屋で売られている本棚は、我々の理想の本棚とは大きく乖離したものばかりだ。最大の不満は天井まで届く高さがないことで、その割にやたら奥行きばかりあり過ぎる。天井まで届くほど背が高く、奥行きの薄い本棚が欲しいところだが、ようやくそんな商品を探し出して買ってみたら、これが何とも弱々しいペコペコの棚板だ。最初の頃こそあまり目立たないが、多くの本を詰め込んで何年も経つうちに必ず棚板が垂れ下がり、気が付いたら誠に「みすぼらしい」姿に成り下がってしまう。

　実は私、若い頃にそんな家具屋の本棚には早々と見切りをつけ、真に自分の理想とする本棚を「自作する」ことを選択したのである。それは

天井に届くほど背丈が高く、蔵書が収まるのに必要充分な奥行きを持つ本棚だった。棚板は非常に頑丈で、ありったけの本を詰め込んでもまず垂れ下がることはない。無駄な装飾や仕掛けなどもなく、純粋に膨大な蔵書の背表紙を一望することだけを目的とした本棚である。一番最初に作ったのは２本だけだったが、その後自分の蔵書が増え続けていく度に私はまったく同じ寸法の本棚を何本も作り続けた。そんな本棚が１０本以上になって、気が付けば自分の部屋の壁一面が本棚で埋まっていた。

　その経験を自分のWebサイト上にまとめて発表してみたら、自分で言うのもちょっと変だがこれが結構な「人気コンテンツ」になったのである。毎日毎日、数多くの読者の方々からメールが届くようになった。その内容の多くは本棚作りに関するご質問だったが、中にはご自分でも実際に本棚をお作りになり、その完成写真を私に送ってくださる方々も出てくるようになった。筆者冥利に尽きる、誠にありがたいお話だ。

　さて少々前置きが長くなってしまったが、このWeb版コンテンツが出版社スタジオ　タック　クリエイティブの編集者の目に止まり、改めて本書として「書籍化」されることになったのである。本書は全体として大きく「２部構成」となっており、前半は前述のWeb版コンテンツに大幅な加筆修正を行ない全面的にリライトしたもので、後半は「本書のためだけに」、新たに本棚３本を製作した過程を数百枚の写真で克明にご紹介するものである。また巻末には、Webでは公開していない各種事例集なども同時に収めてある。

　本棚を自作すると言うと、多くの方々はノコギリで板を切るところを連想してしまい、到底自分にはできないものだと最初から諦めてしまう傾向にあるようだ。一方、世の中には「日曜大工」を趣味とする人々もいらっしゃるが、我々「本好き」のすべてが日曜大工に興味があるわけではなく、逆に日曜大工好きのすべてが本好きというわけでもない。

同じことは書物についても言える。読書論や書評など、本そのものの魅力を「ソフトウェア」面から説く書物は昔から数多く存在してきた。また「〇〇先生の書棚拝見」という類いの本も、少なからず人気があるようだ。しかし、我々「本好き」のために「本棚」そのものを「ハードウェア」面から説いた書物は、これまではあまり存在しなかったのではないだろうか？　確かに書店に行けば日曜大工の教科書は数多く並んでいるが、我々が理想とする本棚が、いつまでも犬小屋やウッドデッキと同列に扱われていて良いわけでもないだろう。

　その意味で、本書は単なる「ＤＩＹ関連」の類書とは明らかに一線を画した書物となっているはずだ。その内容は「手持ちの蔵書をどう収納するか」という真に必要に迫られた命題を出発点としており、あなたを含めて、ごく一般的な方々がこの必要性に迫られた時に、一番合理的に「理想的な本棚」のオーナーとなれる方法だけを説いてある。実はその方法こそが、冒頭で述べた「自作本棚の作り方」であって、これまでは日曜大工とはまったく縁が無かった方々でも、本書で述べている通りに作っていけば、きっと素晴らしい本棚のオーナーになれるはずである。

　つまり本書は、徹頭徹尾「本好きの、本好きによる、本好きのための本棚作り」の解説書であり、読む人が本好きであればあるほど、きっと気に入ってくださるに違いないと筆者は密かに自負しているのである。どうか最後までお読みになって、あなただけの素晴らしい理想の本棚を手に入れていただきたい。

　この本を、すべての「本好き」の方々に捧げます。

2009年11月
(TT)戸田プロダクション

第1章
蘊蓄編

本棚に限らず、モノを自作する時には、できあがりの「イメージ」を固めることが重要である。あなたはなぜ本棚を自作するのか？ どんな本棚を自作すれば良いのか？ そのカタチや大きさは？ まず本章ではあなたの本棚の具体的な「イメージ」を固めるところから始めよう。

第1章 蘊蓄編
1. 我々はなぜ、本棚を「自作」するのか？

モノを「自作」する意義

　ご時世である。なにもかも、ご時世のお陰である。

　たった今、世界を揺るがすような「大地震」がやってきて、この世のすべての「モノ」が崩れ落ちてしまったとしたら、我々の頭上には一人当たり約10トンもの瓦礫が降り注がれてくるらしい。言い換えるなら我々は現在、崩れ落ちれば約10トンもの瓦礫と化すような種々雑多なモノたちを一人一人が背中に背負い込むことで、社会生活を営んでいるということだろう。さもありなん、と私は思うのである。

　終日「二束三文の草鞋」を編み続けることで生計を営んでいた時代と違い、今の時代はあらゆるモノが「商品」として世の中に溢れている。家や自動車などの耐久消費財から、家具や家電など生活必需品、趣味の小物にマニアックなレア物まで、お金と引き換えになんでも不自由なく便利な「商品」が手に入る恵まれた世の中なのである。

　このご時世で、なんでもかんでも「自作」でまかなうのは馬鹿のすることだ。自分が費やす「時間」とそこから得られる「成果物」を天秤にかけ、充分にペイできなければモノを自作する「意義」は非常に少ないだろう。要するに「買った方が安い」というお話だ。世の中に100円ライターを自作する人がいないのは、この典型的な一例である。

　ところが、ある事情により「自作」が大きくモノを言うケースが存在する。それは市販品の中に本当に優れた商品が存在しない場合である。商品が「存在しない」のだから、これはもう「自作する」しかないので

ある。現状ではこのような例は非常に稀なケースだと思われるが、それでも確かに、特定ジャンルの商品の中にはこの「極めて特殊な事情」が散見されることがある。

家具屋の本棚の七不思議

ここで我々は、家具屋に並んで売られている数多くの本棚に注目してみることにしたい。

単刀直入に言わせてもらうが、家具屋に並んで売られている本棚には「商品」としてロクなものがない。長年にわたって家具屋の本棚を観察してきた私が、つくづく「不思議だ」と思っていることを述べてみる。

家具屋に並んだ本棚には、

> ① 天井まで届く高さのモノがない
> ② やたら奥行きばかり有り過ぎる
> ③ 肝心の棚板がほとんど太鼓作り
> ④ 不要なガラス窓や扉などが付く
> ⑤ そのくせ裏板の強度に不安有り
> ⑥ 上等な品物ほど派手で悪趣味だ
> ⑦ 息の長いロングセラー品もない

という実に困った問題が存在する。私が「家具屋の本棚の七不思議」と呼ぶそれは、ほとんど全国の家具屋の本棚に共通する問題点だと言えるだろう。これら七不思議にまったく類しない本棚を探し出して購入することは、我々にとって至難の業なのである。

もちろん、この七不思議をことごとく排した「真に理想的な本棚」も日本中を探し回ればあるいは見つかるかも知れぬ。しかしそんな本棚は

たとえ見つかったとしてもおそらく「特注品」に近いものか、あるいは目玉が飛び出るほど「高価な」品物ではなかろうか？　リーズナブルなお値段でなおかつ品質も良く、10年20年と経ってからでも安心して買い足していけるような「市販品」は、残念ながらほとんど皆無に近いと私は確信する。

結局、本棚は「自作」に限る

　このような理由から、結局「本棚」というのは最初に述べた「極めて特殊な事情」に該当する稀なケースということになる。すなわち我々はこれを自作することでのみ、初めて「真に理想的な本棚」のオーナーとなり得るのである。

　本書は、私と同様、前述した「家具屋の本棚の七不思議」をお嘆きの貴兄のために、過去25年間でのべ20本もの本棚を自作してきた戸田プロダクションが、その総力をあげてお届けする渾身の一冊である！

第1章 蘊蓄編
2. 自作本棚のメリット

優れたコストパフォーマンス

　本棚を自作する時にかかるお金とは、主に「材料代」と「ペンキ代」だけである。他にもボンドや木ネジ、あるいは紙ヤスリといった細かい品物の代金が必要だが、これらはそれほど高価というわけではない。

　私の過去の経験を踏まえて言うと、天井まで届く本棚を作った場合は1本の本棚が「約1万5千円」程度で完成するはずである。仮に2本を同時に作ったとしたら、その時の総予算は「約3万円」といったところだろうか。

　読者の中にはこの「3万円」という金額を「高い」と感じる人がいるかも知れないが、間違えないで欲しいのは、この金額は市販品では入手することが難しい天井まで届く本棚「2本分」のお値段だということである。その2本で、ざっと1000冊近い本が収納できるはずだ。

　仮にあなたの蔵書がちょうど1000冊だとして、これまであなたがそれら蔵書を買い揃えるのに払ったお金は、一体いくらになるだろう？　50万円？　100万円？　それとも150万円？　そう考えれば1000冊もの蔵書を綺麗に収納できて、しかも一生使える本棚がわずか「3万円」で手に入るわけである。本好きのあなたなら、これはきっと「安い！」と思ってくださいますよね？

　もちろん、自作本棚はただ「安い」だけではない。「家具屋の本棚の七不思議」をことごとく排した、「真に理想的な本棚」が手に入るのである。これを優れたコストパフォーマンスと言わずして何と言おうか？

「規格化」による組み合わせ

　ところで、我々にとって「本棚を自作する」ことの最大のメリットは実はコストパフォーマンスだけでは決してないのである。むしろ、私が考える最大のメリットとは、十二分に吟味した設計がもたらす将来的な本棚の「規格化」にある。

　書類やファイル、それらを収めるバインダーなどの大きさを統一して規格化することは知的生産における整理整頓の第一歩だろうが、さらにこの規格化を本棚そのものにも当てはめてみるのである。規格化された本棚は「一列」に並べたり「L字型」に並べたり「コの字」に並べたりさまざまな「組み合わせ配置」が可能だろう。

　あなたが作る本棚は、もちろん家具屋には売っていないオリジナルの本棚である。仮にあなたが今から10年後にまったく同じ本棚が欲しくなったとして、市販品ではおいそれと同じ商品を「買い足す」ことなどできないのに対し、自作本棚の場合はまったく同じものを「再び作る」ことができるのだ。この、何ものにも代え難い「安心感」こそ、本棚に限らずモノを自作することの最大のメリットだろうと私は考える。

　事実、私は過去25年間で少しずつ、合計20本もの本棚を自作してきた。そのうち2本は私の弟が「どうしても欲しい」と言うのでヤツにくれてやったが、残りの18本は今でもすべてが「現役」である。同じ図面で同じ大きさの本棚を作り続けたので、それぞれの本棚は引越先の状況に応じて自由に「組み合わせ配置」可能だった。初めて本棚を自作してからの15年間で住まいは都合6回も変わったが、どの住まいでも好きな配置で本棚を並べることができたのは幸いである。

　この、さまざまに組み合わせ可能な本棚の「規格化」とは、おそらくあなたの一生、生涯にわたって有効であり続ける「保険」のようなもの

だろう。人生は長く、蔵書は増える。いつ何時、新しい本棚を追加する必要に迫られるかわからない。そんな時に、すぐさま同一仕様のモノを作って「組み合わせ配置」可能な自作本棚は、決してお金では買えないあなただけの貴重な「財産」となるはずだ。

木工とは、極めて容易な作業の積み重ねだ

　「本棚の自作」と言うと、たいていの人が尻込みするようだ。世の中には、あなたを含めて「本棚を自作しよう」と思う人が圧倒的に少ないから当然だろうが、だからと言って、あなたに本棚が自作できないわけでは断じてない！

　考えてもみて欲しい。そもそも「木工」とは、我々にとって必ずしも別世界のことでは決してなく、むしろ「モノを創る」というジャンルの中ではもっとも取っ付き易い対象なのである。複雑な電子回路の知識が必要なわけではない。精巧な機械加工の技術が必要なわけでもない。誰だって、木の板にボンドを塗るくらいのことはできる。誰だってネジをねじ込むくらいのことはできる。誰だってハケでペンキを塗るくらいのことはできるだろう。そうしてこの「誰だってできる」作業の積み重ねこそが、本書で述べる「本棚の作り方」のすべてなのである。

　要は「やる気」である。そして、その「きっかけ」の問題でもある。この「やる気」と「きっかけ」は、すでに本書をご購入してくださったあなたには、十二分にお有りだろう。本書を読み終えた時、あなたにはご自分が自作する本棚のイメージがありありと目に浮かぶはずである。そして必ず、そのイメージを実現することに全精力を傾けようとなさるだろう。確信を持って断言するが、近い将来、あなたは「真に理想的な本棚」のオーナーとなるはずだ。その本棚こそ、あなたが作る、あなただけのオリジナル本棚なのである。

第1章 蘊蓄編

3. イメージを固める!

我々の本棚を構成する各部名称

　木工において本棚のような形状を「棚モノ」と呼んでいるが、非常に大雑把に言って、我々がこれから製作する本棚は、その棚モノの中でも最も簡潔な構成であるところの、たった「3つ」のパーツでできていると思って良い。そのパーツとは「側板・棚板・裏板」の3種類だ。

●側 板（がわいた）

　本棚の両側にある縦長い2枚の板。「側板」とは本棚にとって重量のある本を支える「柱」のようなものである。

●棚 板（たないた）

　実際に本が載せられる水平部分の板。「棚板」は前述した「側板」に挟まれていて、本棚の「一段」を構成する。すべての棚板が側板に固定されている場合もあれば、何枚かの棚板が「可動式」になっている場合もあるだろう。いずれにせよ、本棚の全体段数は棚板の枚数により決定される。棚板の最上段は「天板」となるから、必要な棚板の合計枚数は「本棚の段数プラス1」だと覚えておけば良いだろう。

●裏 板（うらいた）

　本棚の裏側に貼る薄い板。本を入れてしまうとほとんど見えなくなる部分だが、実はこの裏板は我々の本棚にとって非常に重要な意味を持つパーツなのである。なぜなら、側板と棚板を組み合わせただけの本棚はヨコ方向から加わる力に極めて弱く、カンタンに「ひし形」に変形してしまうからだ。本棚の裏側一面に裏板を貼ることで初めて、決して変形しない強固な本棚になるのである。

このような構造を一般的に「モノコック構造」と呼ぶが、この裏板というパーツが、モノコック構造の実現に重要な意味を持つことを覚えておいていただきたい。

全体的な寸法

本棚各部の名称を確認したところで、これから実際に製作する本棚の全体的な「イメージ」を固めていくことにしよう。

まず本棚の「高さ」だが、これは前述したように、是非とも天井まで届く高さとしたい。市販品の本棚では、大きなモノでも高さはせいぜい2メートルに満たないが、これでは「鴨居」の上部分の空間がまったくムダになってしまう。日本の一般的な木造家屋の場合には、天井までの高さはおよそ2メール30センチくらいなので、目標としてこの数字を一応の「目安」としておこう。

次に本棚の「幅」だが、これはあまり広いと使いづらいし、だからと言って狭過ぎるのも本の収納量に影響するから困りものである。「畳と同じ幅にしておけば都合が良いのでは？」と考える人もいるだろうが、実際にはこれより若干狭い方が、組み合わせの自由度が高くなるという意味でお勧めである。

私の経験から言うと、製作した2本の本棚を部屋の隅に「L字型」に配置したい場合があることや、後述する材料の「木取り」の関係などもあって、本棚の「内寸」となる棚板の幅は「60センチ」にしておくと都合が良いようだ。これに側板2枚分の厚さが加わるため、でき上がる本棚の外寸幅は「約64センチ程度」となるはずだ。

もちろんこの本棚の幅は、あなたのご都合に合わせて自由に決めても構わない。私自身、過去に作った既存の本棚を並べて、余った壁面長にピッタリ収まる寸法で製作したこともある。これは前述した「規格化」とは逆行するが、新築した家の書斎の壁にピッタリ収めたいという特殊事情があったためだ。

必要にして充分な奥行き

　重要なのは、本棚の「奥行き」である。市販の本棚ではこの奥行きが異常なほど深く、ざっと30センチ〜35センチくらいはある。しかしこの奥行きはたいていの本には深過ぎることが多い。こんなに奥行きの深い本棚は、壁面に並べた時の「圧迫感」もさることながら、本を収納して余った手前側のスペースについついウッカリ別の本を並べてしまう「魔の二段収納」を誘発しがちだ。

　経験者ならご存知だろうが、この「魔の二段収納」とは、後列の本の背表紙が見えなくなるという点では本の「死蔵」を意味しており、絶対やってはならない収納方法なのである。蔵書とは歯を食いしばってでも「背表紙を見せて」収納すべきモノなのだ。

　実際、これから作る本棚の「奥行き」をいくらにするのか？　これはあなたが所有している蔵書の種類に依存する。基本的な考え方としてはほとんどすべての蔵書が収まるのに「必要な長さ」をもって「充分」とすればよろしい。

　例えば私の場合は、黎明期からパソコンに大変興味があって、一時期蔵書の3分の2ほどがパソコン関連雑誌に占領されていたことがある。それらのパソコン関連雑誌が収まるのに必要な奥行きはピッタリ「21センチ」だった。一方、一般的な文芸書や新書本、またはコミックなどでは、奥行きは「15センチ」もあれば充分だと言える。

馴染みの本屋に出かけて行って棚の奥行きを計らせてもらうと、その棚が思っていた以上に「浅い」ことに驚かされるだろう。そうなのだ。我々が作る本棚でも、蔵書が収まるのに「必要にして充分な奥行き」がありさえすれば良いのである。おそらくそれは、およそ「１４センチ〜２２センチ」程度の寸法に収まるのではなかろうか？

　この程度の奥行きの本棚ならば、部屋の壁際にピッタリ並べてみてもさほど「圧迫感」は感じないはずである。もともとそこに「壁」があるのだから、本棚は奥行きが浅ければ浅いほど壁と「同化」し目立たなくなるモノだと言えるだろう。

側板や棚板の材質

　本棚の全体寸法が決まったので、次は側板や棚板の材質について検討することにしよう。

　市販品の本棚は、ほとんどのものが「太鼓作り」の側板や棚板を採用している。「太鼓作り」とは、角材で作った枠組みに薄い化粧板を両面から貼り付けた板のことである。「フラッシュ構造」とも呼ばれ、一見したところキチンとした厚みがある板のように見えて、その実、中身は中空である。材料が節約できて重量も軽いことから組み立て式家具では多用されるが、こと本棚に関する限り、太鼓作りの材料を採用するのはまったく「論外だ」と言って良い。

　ご存知の通り、本はかさばると非常に重いものである。ちょっとした単行本でも、それが１０冊２０冊となると驚くほど重くなってしまう。本棚の材料には、そんな本の重量に充分耐えられることが「絶対条件」として強く求められるが、太鼓作りでは到底それらの重さに耐えられず長い期間には必ずや醜く棚板が垂れ曲がってしまうだろう。かと言って厚い無垢材ではたちまち「価格と重量」が跳ね上がり、そんなに高くて

重たい本棚は売れないから、メーカーは太鼓作りの棚板を採用せざるを得ないのである。ハッキリ言う。市販品の本棚は正確には「本」棚ではない。あれは女の子が縫いぐるみなどを並べる「多目的棚」なのだ！

　もちろん我々は、太鼓作りなど「ヤワな」材料は採用しない。しかし無垢材ではかえって狂いが出やすいことから、我々の自作本棚の材料は必然的に「合板」ということになる。合板と言えば、その厚さは3ミリ飛びに規格化されており、自作本棚の材料としてはだいたい18ミリ・21ミリ・24ミリあたりが使いやすいと思う。無論、それ以上の厚さ（例えば30ミリ）を採用することも可能だが、この時の材料の厚さとは実は本棚の幅とも深い関係があり、結局のところは全体の「バランスを見て」ということになる。

　棚板の内寸が60センチ程度の本棚であれば、合板の厚さは21ミリ程度あれば充分である。実際、私の作った本棚では21ミリ厚の合板を採用しており、体重70キロ以上の大人でも「ハシゴ代り」によじ登ることができる。

棚板は固定式か？　可動式か？

　本棚を自作する時に、誰もが一度は思い描くことは「棚板を可動式にしてみたい」ということだろう。さまざまな大きさの本を効率的に収納するために、いつでも自由に棚板の高さが変えられる「可動式」は実に魅力的なギミックだ。少しでも腕に覚えのある人ならば、是非とも挑戦したいと思う題材だろう。しかし、私は棚が可動式の本棚には否定的である。なぜなら「苦労の割には得るものが少ない」と思われるからだ。

　何と言っても、可動式の棚はそれを実現するための「工作」が非常に大変だ。通常、可動式の多くは棚板1枚を左右各々の2ヵ所ずつ、合計4ヵ所で支える構造となっているが、この4つの「タボ穴」を正確かつ

水平に掘ることは我々には至難の技だと言えるだろう。市販品の場合は専用の機械で側板全体に一挙にダボ穴を掘るが、我々の工作ではたとえボール盤などを使ってもダボ穴は結局1ヵ所ずつしか掘り進めることはできず、それらがガタつくことは避けられそうにない。苦労して掘ったダボ穴で棚板がガタガタ、という悲劇は充分に有り得るお話なのだ。

　我々は棚板と側板を「梯子状」に組み立てて本棚を作るから、棚板は可能な限り固定式にする方が強度的には有利なのである。仮に可動式を採用する場合でも、すべての棚板を可動棚にするのではなく、必ず要所要所は固定棚とすべきだろう。すると、可動棚の「可動範囲」も結局は固定棚の位置と寸法とに束縛されることになり、その意味からも苦労が報われることはあまり多くはない。

　最初に蔵書の種類を見越した上で、当初から棚板の高さをしっかりと設計しておけば、あとあと棚板の高さを変えねばならない真のニーズが年間を通じてそう何度も発生するだろうか？　何年も経つうちに蔵書の傾向が変わり、どうしても棚板の高さを変えねばならない必要性が出てきたら、その時はいっそ別の本棚を追加で製作すれば良いのだ。むしろその方が、我々のような本好きには「合理的」とも言えるだろう。

　そういうわけで、本書においては「棚板は固定式」という前提で筆を進めていく。これまで私が自作した本棚も、すべての棚板は固定式だ。

全体は「上下分割式」で作る

　以上の考察から、ほぼ全体の「イメージ」が固まったと思う。

全　高：　2メートル30センチ程度
全　幅：　65センチ程度
奥行き：　21センチ程度

これはもう、かなりの大型本棚である。特に2メートル30センチという高さは、製作途中に本棚のてっぺんに手が届かない、という笑えぬ喜劇すら招きかねない。そこで我々は、この本棚を上段と下段の「上下分割式」で製作することにする。分割式なら、製作途中の作業で支障が出ることはないだろうし、部屋から部屋に本棚を移動させる際の運搬性にも優れている。また、ある時期一時的に天井の梁が低い部屋に本棚を設置せざるを得ない状況となっても、その時には本棚の下段（本体）だけ使うようにすれば、少なくとも最悪の事態だけは避けられそうである。

　良いことずくめの「上下分割式」に思われるが、問題はどのくらいの高さで分割するかということだろう。さまざまな案があるが、もっとも妥当な案としては、部屋の「鴨居」の高さを基準として、本棚の下部を1メートル80センチ程度、本棚の上部を残りの45センチ程度とする方法だと思う。後述するが、実はこの寸法は材料の「木取り」関係でも非常に都合の良い分割寸法なのである。我が家の本棚でも、すべてこの分割寸法を採用している。

目指すは「清く正しい本棚」だ！

　最後に本棚全体のデザインだが、これはもう、できるだけシンプルな方が良いだろう。必要な時に必要な蔵書にサッとアクセスできることを我々の最大のモットーとするならば、不必要な演出目的の扉やガラス窓などは「腐れインテリにでも喰わせておけ！」ということになる。

　我々の本棚に無意味なデコレーションは不要である！　純粋に必要な機能だけを突き詰めて考えていけば、そのデザインもおのずから究極のシンプルさを呈することになるはずだ！　そんな理想の本棚を、我々は「清く正しい本棚」と呼ぶことにしようではないか。

第 2 章
設 計 編

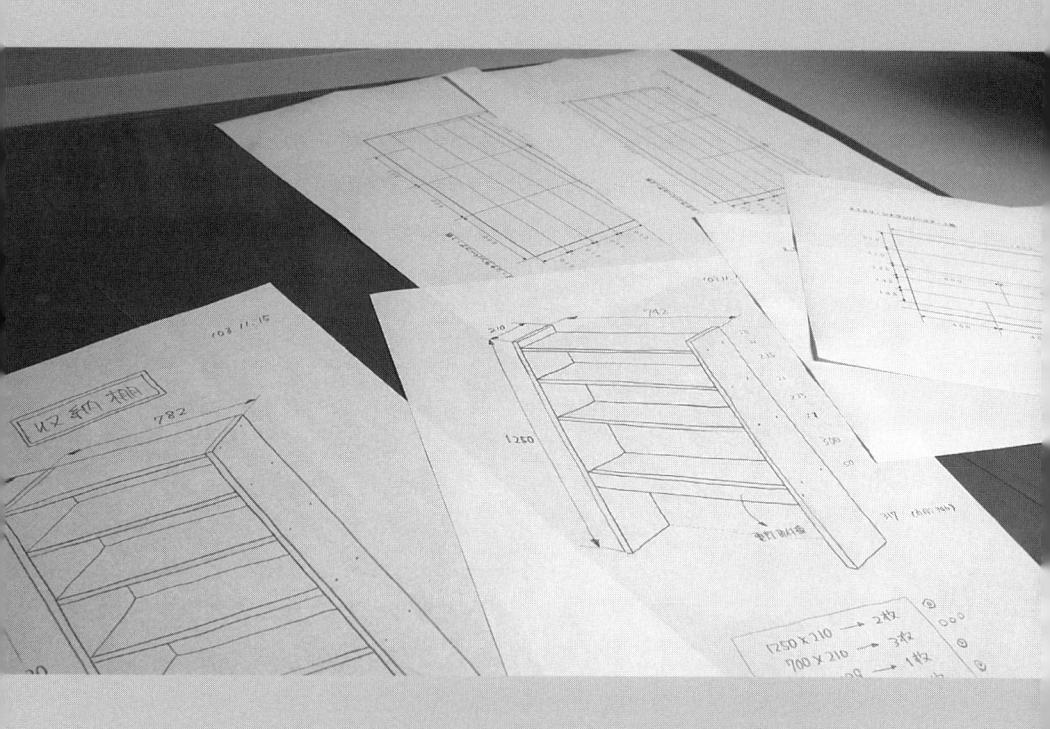

自作本棚の「イメージ」が固まったので、本章ではそのイメージから一歩進んだ設計を行なっていく。この設計作業は清く正しい本棚作りにおける「最初のヤマ場」であると言っても良いだろう。少し難しい話も続くが、この山を乗り越えれば「理想の本棚」が現実味を帯びてくる。

第2章 設計編
1. 詳細設計

詳細設計の位置付け

いよいよ「清く正しい本棚」の製作に入る。まずは導入として、本章では「設計図」を描くことにしよう。「設計図」と聞いて顔をしかめる人がいたとしても、どうかご心配はなさらないでいただきたい。ここに書いてある通りに考えていけば、誰でもカンタンに設計図を描くことができるはずだ。

ここで描く設計図は「全体図」と「木取り図」の2種類だけである。各々についての詳細はあとで述べるが、その前にこれまでの検討でまだ決定していなかった重要事項があるので、それを検討していこう。

各棚板の高さ(本棚下部)

まだ決定していなかった重要事項とは、棚板の「高さ」と「段数」である。当然ながら、この高さと段数もあなたの蔵書の種類に依存する。

我々は、本棚の奥行きを決める時には「必要にして充分」という寸法を採用した。しかし、同じ考え方をこの「1段の高さ」に対してとるべきではない。ここではむしろ「必要よりも充分」という考え方の方が大切である。すなわち「1段の高さ」を決める時には、のちのちのことまで考えて1ミリでも高く棚の高さを取るように考える。なぜなら、蔵書というモノは奥行きが短い本棚の場合には前面に少々「出っ張る」ことでそこに収まってくれるが、不幸にして棚の高さが足りない場合は金輪際その棚には収まらないからである。棚板の高さを決める時は必ず蔵書に物差しをあててみて、「実測値」に基づく設計をすることが大切だ。

私が多く所有するパソコン関連のＡ４雑誌の場合、これが収まるのに必要な棚の高さは２８センチだった。ここでは余裕をみて、Ａ４雑誌の棚の高さを２９センチと仮置きしてみた。本棚の高さが約１８０センチ程度で、棚板１枚の厚さが２１ミリだとすると、だいたいこのＡ４用の２９センチ棚は最大で４段取れるようである。残った部分に文芸書用のＡ５棚が２段までは取れる。これなら合計６段の本棚となるから、まぁ不足はあるまい。こんな具合に、電卓でも叩きながら、あれこれ本棚の総段数を設計するのは実に楽しい作業である。

　余談ながら、この時に使う電卓には、是非とも戸田プロダクション製巨大電卓「デカルク」をお勧めしておきたい。このデカルクとは、私がフリーソフトウェアとして公開している自作の電卓ソフトだ。とことん使いやすさを追及した電卓なので、機会があれば是非インターネットで探してみて欲しい。きっとお気に入ること請け合いである。

　さて、Ａ４判の本がすべて２９センチ棚に収まるのか？ と言えば実はそうでもない。例えば、本文と表紙周りの大きさが異なる「上製本」は２９センチ以上の寸法となることが多い。また、趣味の「美術書」などでは３０センチ以上の棚の高さがないと収まらない場合もある。しかしすべての棚で３０センチ以上の寸法を取るのは不経済で、本棚の全体の段数が減ることにもなりかねない。段数が減ると、直ちに本の収納量に影響してくるから要注意だ。ここでは、一番下の段だけ思い切って３５センチ程度まで延長し、２９センチから延長する「増分」を別のＡ４棚から振り分けるのが良いだろう。この場合は、「増分」を捻出した別のＡ４棚は、当然ながらＡ５棚に化けるはずだ。

　こんな具合に考えてくると、我々が作る「上下２段式」本棚の場合は下部本体の棚板をなんとか「６段」までは確保できそうだ。棚の高さが若干違うバリエーションも考えられるが、ここではそれを「Ａタイプ」「Ｂタイプ」「Ｃタイプ」と呼んで区別することにしよう。

つまり、我々が作る本棚とは、以下に示す3つのタイプとなる。

【Aタイプ】A4棚×4段・A5棚×2段
【Bタイプ】A4棚×3段・A5棚×3段
【Cタイプ】A4棚×3段・A5棚×3段

どのタイプの本棚を作るのかは、もちろんあなたのご事情とお好みで選べば結構だ。後述するが、どのタイプでも必要な材料はまったく同じだから、今すぐ決められなくても結構である。

各棚板の高さ(本棚上部)

ところで、本体の上に載せる本棚上部45センチの棚はどうするか？板厚も考慮すると、ここにたくさん棚を設けることはできそうにない。仮に45センチのちょうど真ん中に1枚だけ棚板を渡すとすれば、1段当たりの棚の高さは約19センチとなろう。これは文庫本や新書などを収納するのに適した寸法だと思われる。

鴨居から上部分にこの棚が2段もあれば、読み終わった文庫や新書を投げ込んでおけるので便利だろう。というわけで、本棚上部は2段棚に化けることになる。下部の本体6段と合わせると「全部で8段」という本棚が出現し、この時の棚板の総延長は4メートル80センチとなる。これはなかなか堂々とした本棚だ。

あなたの蔵書の種類と寸法の傾向を把握した上で、これらの背表紙のすべてが天井まで届く本棚に収まっている場面を想像してみて欲しい。

2. 全体図の描き方

全体図とは？

　実を言うと、我々素人がたかが本棚ごときに気張って「設計図」など描く必要はないのである。ここで言う「全体図」は、自分が理解できる本当にカンタンなスケッチ程度のもので充分だ。中学校の技術家庭科の授業で習った本格的な「三面図」などを想像するとそれだけでも気分が重くなるから、ここはひとつできるだけ気楽に行こうではないか。

　とは言うものの、少なくともこの「全体図」をきちんと描くことで、各部寸法もハッキリ決定できるはずである。この段階で各部寸法を決定することができれば、のちの組み立て時に戸惑うこともないだろう。

大切な「ハカマ」の寸法

　各部寸法を決定する時に大切なこととは、材料の厚さと「ハカマ」の寸法である。「ハカマ」とは本棚の一番下の部分に取り付ける「上げ底考慮」のことを言う。このハカマを付けた途端、我々が作る本棚も実に素敵に「家具らしく」見えるようになるはずだから、是非ともハカマは取り付けておくことをお勧めしたい。なお、このハカマは決して単なる飾りではない。実用上からも「ホコリ対策」として必要不可欠な考慮と言えるのである。

　私が作った本棚は、このハカマ寸法を「６３ミリ」取ってある。この部分の寸法は状況に応じて調整することも可能なので、以後の説明ではあくまでも私の本棚を一例としてご説明していくことにする。

全体図(一覧表)にしてみよう

　前項で考えた1段の高さと段数、これらを正確な「一覧表」に落とし込めば、ここで描く「全体図」ができ上がることになる。私がこれまで作ってきた本棚の一例をご覧いただこう。

本棚全体図	A タイプ		B タイプ		C タイプ	
	寸法	用途	寸法	用途	寸法	用途
	21.0		21.0		21.0	
8段目	193.5	B6	193.5	B6	193.5	B6
	21.0		21.0		21.0	
7段目	193.5	B6	193.5	B6	193.5	B6
	21.0		21.0		21.0	
(上部小計)	450.0		450.0		450.0	
	21.0		21.0		21.0	
6段目	225.0	A5	225.0	A5	225.0	A5
	21.0		21.0		21.0	
5段目	225.0	A5	225.0	A5	225.0	A5
	21.0		21.0		21.0	
4段目	290.0	A4	225.0	A5	225.0	A5
	21.0		21.0		21.0	
3段目	290.0	A4	290.0	A4	305.0	A4
	21.0		21.0		21.0	
2段目	290.0	A4	290.0	A4	305.0	A4
	21.0		21.0		21.0	
1段目	290.0	A4	355.0	A4大	325.0	A4大
	21.0		21.0		21.0	
ハカマ	63.0		63.0		63.0	
(下部小計)	1,820.0		1,820.0		1,820.0	
全体(全高)	2,270.0		2,270.0		2,270.0	

　この一覧表の中に出てくる数字の単位は、すべて「ミリ」だと思っていただきたい。本書の冒頭からの説明では、意識的に「センチ」という

単位も使って筆を進めてきたが、木工の世界ではすべての長さの単位は「ミリ」で語られることが非常に多いので、今後は私もこの「ミリ」でお話を進めていくことにする。

棚の高さのバリエーションとして、前述の「Aタイプ」「Bタイプ」「Cタイプ」の3種類の寸法を一覧表の中に落とし込んでみた。寸法の違いは下部小計（1820ミリ）の内訳の違いである。そして、上部小計450ミリを加えた全体合計（全高）は、どのタイプでもピッタリと同じ2270ミリになっていることがわかるだろう。

なお、合板に21ミリ厚以外のものを採用する場合でも、下部小計は1820ミリとなるよう、各部の寸法を調整すべきである。これは後述する材料の「木取り」からくる制限だ。ただし、ハカマ部分はある程度少なめに設定することも可能だから、このハカマを全体寸法のしわ寄せとして考えるのも良いだろう。細部にわたり、各部寸法をここまで押さえておけば、もう「全体図」は完成したも同然である。

ご注意！ A4用棚の高さについて

ところで、左表の「Aタイプ」「Bタイプ」では、A4用棚の高さが「290ミリ」しかない。実はこの高さには、一見A4判に見えても、それより少し背の低い「レター判」という本や雑誌しか入らない。

大昔に私が本棚を作り始めた頃、当時私が大量購入していたパソコン関連雑誌の高さは280ミリしかなかった。私はそれをA4サイズだと思って290ミリの棚を設計したが、近年は購入する雑誌の趣味が若干変化して、この290ミリ棚に収納できないものも増えてきたのだ。

あなたがお持ちの雑誌が「A4正寸」である297ミリ高の場合にはA4用棚の高さは「Cタイプ」にしておくことをお勧めしておく。

第2章 設計編
3. 木取り図の描き方

サブロク合板のお話

　本棚を自作する際に、材料となる合板をホームセンターなどに置いてある「規格モノの帯材」でまかなおうとすると大変である。まず材料にムダが出る。値段もハネ上がる。しかも「規格モノの帯材」は、どんな店でもその在庫に限りがあるから、必要分の確保も難しくなるだろう。そういうわけで、我々は本棚のすべての材料を大きな「合板」から切り出すことにしなければならない。

　ここに「サブロク合板」と呼ばれる合板がある。

　「サブロク」とは「3尺×6尺」の略であり、1尺とは約300ミリであるから、計算すればこの板は「約900ミリ×1800ミリ」の板ということになる。要するに「畳1枚」の大きさだと思えばよろしい。この大きさは全国共通規格であって、正確には「910ミリ×1820ミリ」の寸法で出回っていることが多いようだ（一部には900ミリ×1800ミリという製品も存在する）。我々としてはこのサブロク合板を手に入れてそこから必要な材料を切り出すことにしよう。

　この「畳1枚」のサブロク合板をどういう具合に切るのか？　それを示す図面が、これから描く「木取り図」というわけである。後述するが実はこの「木取り図」は後日、他人様に「見せる」図面となる。よって一定のルールとコツにしたがって描くことが大切である。

　木取り図はパソコンのワープロで描いても良いだろう。定番ソフトの「ワード」なら、木取り図くらいの図面は簡単に描くことができる。

これが「木取り図」だ

早速、お手本を示すことにする。下の図をご覧いただきたい。

【木取り図A】(1枚)

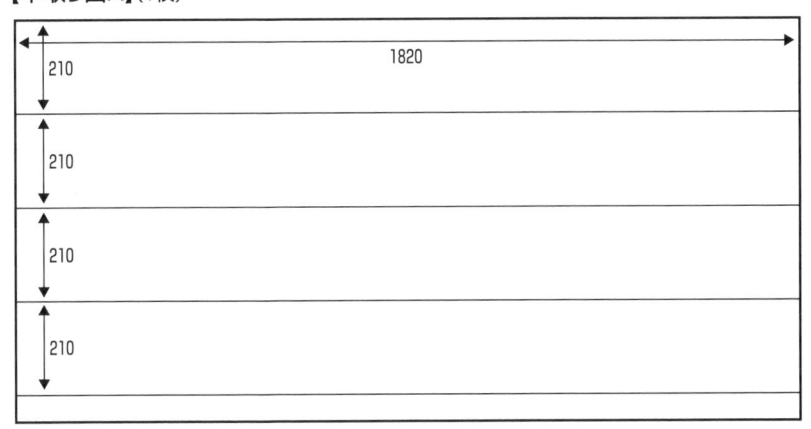

```
210
1820
210
210
210
```

【木取り図B】(2枚)

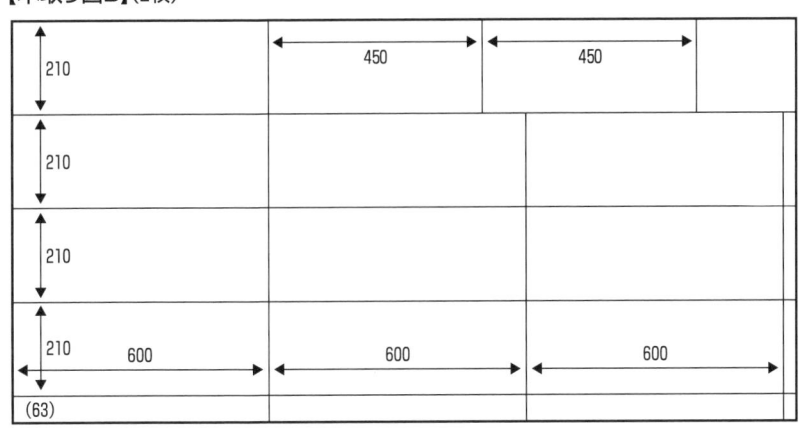

210 / 450 / 450
210
210
210 / 600 / 600 / 600
(63)

前述の通り、長さの単位は「ミリ」で統一しよう。60センチだとか6センチ3ミリだとか、そんな表記は「木工の世界では」おかしいのである。「600」と書けばそれは「60センチ」のことだと、見る人が見れば必ずわかってくれるものなのだ。

　先のお手本には「木取り図A」と「木取り図B」の2種類があるが、これはもちろん私が作ってきた本棚の必要材料によるものだ。すなわち「Aが1枚」と「Bが2枚」の「合計3枚」で、私が作った本棚2本ができ上がる計算となる。「オレは1本しか作らねぇ」とおっしゃる方は今回は「A」と「B」が1枚ずつあれば良い。そして「A」の方で余る側板2枚分のパーツは、今回の本棚を完成させたあと、押入の奥や天袋などに大切に保管しておくのである。そうすれば、例えば5年後に同じ本棚が欲しくなった場合、その時点で「木取り図B」の1枚に相当する材料を用意すれば、まったく同じ本棚を増設することが可能だろう。

すべての材料は「長手方向」から切り出す

　サブロク合板から材料を切り出す時には、その材料を切り出す方向に留意すべきである。本棚の側板や棚板の場合、すべての材料はサブロク合板の「長手方向」から切り出すという「鉄則」があるからだ。

　今回製作する本棚は、棚板の幅がちょうど600ミリなので、普通に考えればお手本のような切り出し方向になるはずである。しかし、仮にこの棚板が900ミリの幅だったらあなたはどうするだろうか？　つい簡単に、サブロク合板の「910ミリ幅」を活かしたいと思うのが人情かも知れないが、それだけは絶対に止めるべきである。900ミリ幅の棚板が必要なら、まずはサブロク合板の長手方向「1820ミリ長」を半分に切り、そこから2枚の900ミリ幅を切り出すようにしよう。

「のこしろ」について

　もうひとつ、木取り図を描く時に注意すべきことは、「のこしろ」と呼ばれる寸法を計算に入れておくことだ。例えばここに600ミリ幅の板があったとして、これをちょうど真ん中で切れば1片の長さは半分の300ミリになりそうなものだが、実際にはそうはならない。なぜならノコギリが板を切って進む時には「ノコギリ刃の厚さ＋α」が必要で、その部分は切り屑となって消えてしまうからだ。

　この「ノコギリ刃の厚さ＋α」がのこしろであって、これを考慮せず木取り図を描いてしまうと、図面には描けたはずの材料が「どうしてもその大きさで切り出せない」という悲劇も起こりかねない。のこしろの幅は通常「1本2〜3ミリ程度」が一般的だが、我々が木取り図を描く場合は充分に余裕を見ておくことが望ましい。むしろ、材料の切り出し方法によっては特定部分に「のこしろの累積」をしわ寄せして、そこは最初から「余っただけ」の寸法で良しとする設計手法もある。

　例えば、前述の木取り図上に(63)と記した部分があるが、ここはハカマ材となる部分である。サブロク合板の910ミリ幅の端から順に210ミリ幅の材料を4枚切り出すと、計算上は70ミリ余るはずだが実際どうなるかはわからない。よって木取り図上ではこの部分を「空欄」としておく。ここを空欄にすることで、実際にサブロク合板から材料を切り出す人に対して「ここは余っただけの寸法で構いませんよ」という意思表示をするわけだ。

天井ピッタリ本棚について

　ここでもう一度、私が示した木取り図を見直してみて欲しい。賢明な読者ならお気付きかも知れないが、実は、あの木取り図から材料を切り出す場合には、これまで我々が「450ミリだ」と決め込んでいた本棚

上部の側板の高さをそれ以上（すなわち「450ミリ〜600ミリ」の範囲）に自由なサイズで設定することが可能である。

　側板の長さを最大値である600ミリにした場合、本体下部との合計である本棚全体の高さは2420ミリとなる。日本のごく一般的な木造家屋の場合、ほとんどの部屋の天井は「これよりは低い」はずだ。

　つまり、あの木取り図を工夫すれば、あなたが作る本棚を、あなたのお部屋に合わせて「天井ピッタリ」に収めることもできるのだ。我々が作る本棚は「上下分割式」であることを思い出して欲しい。これを設置する時には本棚上部を本体下部の上に載せることになる。この時、本棚上部は「前から」差し込むため、その寸法を文字通り「1ミリ刻み」で天井高に合致させることも決して夢物語ではないのである。

　ただし、転勤などで引っ越す機会が多いなら「天井ピッタリ」本棚はあえて避けて作るべきだろう。次に引っ越した先で、本棚のてっぺんが天井につかえてしまうと困るからだ。この辺の事情も良く考えて、もし可能なら、是非とも天井ピッタリ本棚の自作に挑戦していただきたい。

これで詳細設計は完了だ！

　以上で清く正しい本棚の「詳細設計」が終わり、必要な図面を揃えることができた。日曜大工ではここらが「最初のヤマ場」であり、よほど好き者でないと、図面を描くなんてことはなかなか億劫なものである。

　しかしながら、本章で述べた「全体図」と「木取り図」の2枚だけを頑張って描いてしまえば、このあとの作業は俄然「現実味」を帯びるというものだ。難しく考えずに、是非とも頑張ってあなただけの設計図を完成させてみて欲しい。

第3章
材料編

設計図が描けたので、次はいよいよ材料のお買い物である。本章ではまず材料のサブロク合板を購入して、それを裁断してもらうために清く正しい「建具屋」に行く。実は、この建具屋による裁断こそが、我々の本棚作りにとって一番重要な「要（かなめ）」部分なのだ。初めて本棚を作る人は、まさしく「目から鱗が落ちる思い」がするだろう。

第3章 材料編
1. 材木屋に行こう

建材店に行く

　材料のサブロク合板は、いわゆる「材木屋」に行って仕入れることになる。建築用の木材を扱う「建材店」と呼ばれる店を探せば良い。この材木屋は我々の近所でも比較的簡単に見つかるはずだ。実は材木屋にはもう一種類、家具などの材料である「堅木」を扱う専門店があるのだがこちらは店の数がそれほど多くはないので、我々にはやや馴染みが薄いかも知れない。

　建材店と言うと、どうもその道の「プロ」相手にしか商売していないような雰囲気があり少々近寄り難い気もするが、実際にはそうではなく我々素人が直接出向いても快く小売りをしてくれるものだ。どちらかと言えば、やや小さめの建材店の方が人情味があって良いと思う。色々と相談にのってくれる親父がたくさんいて、私も昔はずいぶん勉強させてもらったものだ。

　建材店で材料を買う時には、実際の「現物」を自分の目で見て、自分なりに納得してから購入することが肝要である。最初は気付かないかも知れないが、何軒かの建材店を回っているうち見えてくるものは確かにある。表面の汚れ、材料の密度、ソリ具合、さらには材木が保管された周囲の様子など、チェックすべきポイントも自然にわかるはずだ。

　最近なら、建材店でなくとも近所のホームセンターでサブロク合板が売られている。値段も安くてお手軽だが、だからと言って「特売品」に手を出すことだけは止めた方が良い。ホームセンターはさまざまな流通ルートを駆使して、客引きに徹するための「特売品」と称する、あまり

質の良くない材料を山積みしていることがあるからだ。滅多にないことかも知れないが、たった500円をケチったばかりに「粗悪品」などをつかませられ、本棚を組み立てる段階になってネジが効かずに大変苦労することも起こり得るから、このあたりは是非とも注意が必要である。

サブロク合板の種類

合板の中で、もっとも種類が多いのはいわゆる「ベニヤ合板」というモノである。このベニヤ、21ミリ厚なら強度も充分で、値段も非常に安いのは魅力的だが、材料表面の仕上げがまったくなされていないため塗装時の「表面処理」には非常に苦労させられる。大昔、スピーカーやステレオラックなどをこの「ベニヤ合板」で作ったものだが、塗装前の表面仕上げにはいつも大変辛い思いをさせられた。

同じベニヤ板であっても「シナベニヤ」と呼ばれる合板なら、材料の表面が誠に美しくてお勧めである。強度的にも大変優れた合板で、もし予算が許すなら自作本棚の材料には是非ともこの「シナベニヤ」を選ぶべきだろうと私は思う。しかし、このシナベニヤのお値段はやや高価で購入するにはちょっと躊躇することがあるかも知れない。

いわゆるベニヤ合板　　　　　　とても美しいシナベニヤ

そこで私がお勧めするのは「シナランバーコア材」と呼ばれる合板である。この合板は、シナベニヤで集成材を両側からサンドイッチにした

ものだ。通称「シナランバー」とも呼ばれるが、表面は下の写真（左）のようにシナベニヤそのものだから文句なしに美しい。２１ミリ厚ならば強度的にも本棚の材料として充分な剛性を持っている。過去に私が製作した本棚は、すべてこの「シナランバーコア材」でこしらえたものだ。

これがシナランバーコア材　　　　木目が美しいパイン集成材

　ところで、最近はホームセンターで「パイン集成材」と呼ばれる棚板材料を良く見かける（上の写真右）。何よりも、木目が非常に美しいのが最大の特徴であり、あれに透明ニスでも塗ったら、さぞかし素晴らしい作品ができ上がるに違いない。ちょっとWebを調べてみたら、各地の愛好家の皆さま方が、このパイン集成材でため息の出るほど素晴らしい作品を作っておいでである。材料の密度が大きく、同じ板厚ならベニヤ合板より強いと聞いたが本当だろうか？

　ここ数年、私もこのパイン集成材に注目してきたが、実はひとつだけ気付いたことがある。それは、同じ「パイン集成材」と言っても、製品の種類はピンからキリまであって、特に材料の表面仕上げがまちまちだという事実である。確かに、どの製品も木目は大変美しい。しかし表面を触ってみるとザラザラの品もあって、その手触りはシナベニヤには到底及ばないのだ。そんな製品だと、塗装で苦労するに違いない。

　さらに、このパイン集成材は、サブロクの大きさのモノが品薄の様子である。私自身はホームセンターで１度だけ、サブロク合板の大きさで

売られているのを見たことがある。厚さは確か20ミリだったが、次に同じホームセンターに行った時にはすでに在庫が無かった。同一規格の製品がいつも入手可能なら良いが、現状では、今まで述べてきたような「規格化」の面からも、本格的な採用はまだ難しいのかも知れない。

裏板は「完全な1枚モノ」とすべし

　というわけで、本棚の主材料は「21ミリ厚シナランバーコア材」で決まりだが、本棚背面に貼る「裏板」の材料はどうすれば良いか？

　これは「一番安い」ベニヤ合板で構わない。厚さは 2.5ミリあれば充分である。もちろん、裏板が厚ければ厚いほど完成した本棚も丈夫なものになるはずだが、2.5ミリ厚の上となると4ミリ厚であり、これは自作本棚の全体強度から考えてやや「オーバースペック」に感じる。

　むしろ、ここで大切なことは裏板の「厚さ」よりも裏板の「貼り方」なのである。と言うのも、清く正しい本棚においては、「裏板は完全な1枚モノとすべし」という非常に重要なセオリーがあるからだ。

　市販品の本棚の場合、裏板は各棚ごとにバラバラに別れた構造をとることが多い。けれども、それでは裏板が本棚の全体強度にまったく寄与しないのである。その構造だと、手で触っただけでも裏板がグラグラと動く本棚さえある。裏板が、単なるデコレーションに過ぎないのだ。

　清く正しい本棚の場合、裏板の全体を完全な1枚モノ合板でピーンと貼ることで、側板と棚板がひとつの構造体となる。言い換えれば、この裏板が強固な「モノコック構造」の重要な1パーツとなるのだ。ご存知の通り、材料はこの「引っ張り方向」に対しては比較的薄くても充分な強度を発揮する。私が 裏板の材料は2.5ミリ厚で充分であると言った理由もそこにあるのだ。

第 3 章　材料編
2. 建具屋で切ってもらおう!

材料の裁断のお話

　さて、サブロク合板は建材店やホームセンターで手に入るが、これを切るのはあくまでも「プロ」に任せるべきである。スピーカーやラックあるいは食器棚や本棚など、どれであったとしても、その製作過程の中で何より重要なこととは、各部の「直角精度をキープする」ことに尽きるのだ。その意味では「材料の裁断」こそがこの直角精度を出す「最初で最後の難関」であり、こいつに我々素人がノコギリ片手で挑戦するのはほとんど「狂気の沙汰」としか言いようがない!

　特に本棚の場合は、何枚も切り出す棚板の長さを完全に揃えることが大変重要であり、例えば1段目と2段目の棚板の長さが仮に1ミリでも狂っていたとすれば、その誤差は最上段で莫大な狂いとして拡大されてしまうだろう。そんな本棚には、どこにも「直角」が無いはずだ。

　つまり、サブロク合板の裁断とは、我々が「日曜大工」の範疇で実現できることでは決してないのである!　にもかかわらず、実は、ここのところを誤解しておられる方々は意外に多く、あくまでも「自分で板を切らなきゃ日曜大工とは言えない」という風潮が世の中に存在するのは誠に残念なことである。

　「自分で板を切らぬ日曜大工など、日曜大工ではない」「半ドンならこれからは土曜大工と呼べ!」という信念の持ち主ならともかく、我々素人はどう足掻いても「シロート」である。むしろ自分で板を切るからこそロクなモノができ上がらず、それ故に日曜大工は世間から「労多くして甲斐なし」などと言われちゃうのではあるまいか?

ズバリ、清く正しい本棚の材料は「建具屋」に裁断を依頼すべきだ。「建具屋」とは、古くから正確な直角を要求される襖や障子などを扱ってきたその道のプロであり、最近では、もっぱら注文家具を製作しているところでもある。その加工の正確さは「折り紙付き」と言えるだろう。まず、この建具屋をあなたのご近所で探し出して欲しい。木屑で一杯の大きな作業場があって、その周囲に注文家具とおぼしき作りかけの棚やテーブルなど置いてあれば、一応アタックしてみる価値があるだろう。

清く正しい職人の見分け方

　建具屋に「職人」とおぼしき人がいたら、先日描いた「木取り図」を手に添えて、にこやかに笑いながらこう聞いてみる。

　　「おたくでは、サブロクをコンマ5で切れますか？」

　万が一、その職人がこの質問に答えられなかったとしたら、残念だがそこで材料を切ってもらうことは諦めた方が良い。こちらの質問の意味すらわからない様子なら、なおさらその職人は「怪しい人」だから敬遠すべきである。

　「サブロクをコンマ5で切る」と言えば、それは「サブロク（合板のタテの1820ミリ）をコンマ5（ミリ以下の精度）で切る」という意味である。この要求を呑めないような建具屋は、清く正しい建具屋だとは到底言えない。

　「ウチはコンマ2で切っちょる！」などと大見得を切る職人なら信用しても良く、「そんなこと当たり前じゃねぇか」と言わんばかりの顔をして、無愛想に木取り図を覗き込んできたかと思ったら、こちらの質問にはまったく答えず「のこしろは何ミリ取ってあんだ？」などと「核心部分」だけを不機嫌そうに尋ねてくる職人こそ「ホンモノ」である。

材料の裁断は、そんな清く正しい職人の腕に全面的に頼らせていただくことにしようではないか。

　通常、この手のお願いはその職人の「ご好意」に甘える部分が大きくあくまでも本業の「合間」に切ってもらうのだ、ということを忘れてはなるまい。当然ながら、材料のサブロク合板は木取り図とともに先方に預けて帰り、「いつでも良いですから、どうぞ手の空いた時にでも裁断してください」とお願いすべきだろう。

　ついでに書いておくと、実は材料であるサブロク合板自体も、上手く頼めばその建具屋で取り寄せてもらうことができるかも知れない。その建具屋が普段から仕事で使っているのと同じ材料を、そのまま注文してもらうのだ。こうすれば、建具屋に材料を運び込む手間が省けるだけでなく、ひょっとすると、仕入れ原価に近い価格で材料が入手できるかも知れない。品質面も、清く正しく安心して任せることができるだろう。

裁断料金のお話

　材料を裁断してもらったら、なにがしかの「謝礼」をせねばならぬ。その額の見当としては昔から「ひとふり100円」と言って、タテでもヨコでもノコギリを「くわぁ〜ん」と1回走らせた分を100円として計算すれば失礼も少ないと言われてきた。本棚の材料を裁断してもらう場合には、ざっと「2,000円程度」だろうか？　裁断が済んだ材料を受取りに行く際に、職人に「タバコ10箱」をお礼に持参しても良いと思われる。

　…というのは、実は「昭和時代」にだけ通用したお話である。思えばあの頃は、実に牧歌的な時代でもあった（しみじみ）。最近は、建具屋と言えども「会社組織化」されているのが常識であり、我々がそこで働く職人とサシで一対一の取引を行なうことはほとんど絶望的である。その

サラリーマン的な職人が「好意」で私の材料を裁断してくれることなど到底有り得ないし、その職人が私の「謝礼」を自分の懐に仕舞うこともまた絶対にないというわけだ。そこで我々としては、少なくとも裁断を依頼する時点で、その正式な裁断料金を建具屋「会社」の社長さんから聞き出しておく必要がある、ということになる。

　こんなことを書くのは、私自身が過去に苦い経験をしたからである。会社の同僚の同級生がやっている木工所を紹介してもらい、子供たちのために「2段ベッド」をこしらえる材料の裁断を依頼した時のことだ。材料の裁断を依頼する時点では同僚の話で盛り上がって、私はウッカリ裁断料金をきちんと確認しなかったのである。

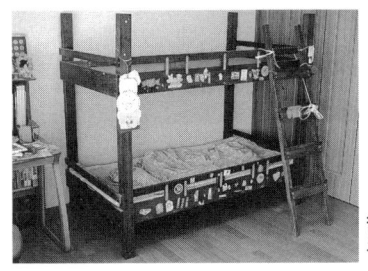

苦労して自作した
子供用の2段ベッド

　あとで裁断の終わった材料を受け取りに行った時、「職人1人の一日仕事だった」と言われて、その職人の日当（だと言う）相当額を取られてしまった。なんと、その金額は「4万円」だった。同僚の手前、下手ないざこざなどは起こせず、私は泣く泣く、材料費よりも高い裁断料金を払って、子供たちの2段ベッドをこしらえたのである。

　しかし、私がここ10年ほど贔屓にしている近所の建具屋は、非常に良心的な料金で材料を裁断してくれる。サブロク1枚が1,500円だ。本棚を2本作る時はサブロク合板を3枚切るから、その場合の裁断料は4,500円となる。この金額は、昨今の物価状況に照らしても納得性のある金額だろうと思われる。

なお、最近のホームセンターは、決められた料金体系で材料の裁断をしてくれる「カットサービス」を提供するところも多いようだ。大きなパネルソーと呼ばれる専門の機械を備えているホームセンターも増えてきたので、場合によっては利用しても良いサービスなのかも知れない。ただし、ホームセンターの裁断係はあくまでも裁断「係」であり、先に述べたような職人とはほど遠い「素人」である。中には、客が購入した大切な材料をアルバイトの学生に切らせている店もあるほどで、そんな店では正確な材料の裁断など到底できないはずだと私は思う。そういう理由で、私はホームセンターのカットサービスなど「まったく信用していない」ことも付言しておこう。

材料受け取り時の注意

裁断が終わったら、早速材料を受け取りに行くことにしよう。

ここでチェックすべきは、バラバラになったパーツの「数」である。と言うのも、きちんとした木取り図さえ渡しておけば裁断の精度自体はまったく心配することがないのに対し、パーツ「数」の方は、向こうの勘違いから行方不明だったり、他の置き場所に放置されたままだったりする可能性があるからだ。

先の木取り図の場合には、側板(長)が4枚、側板(短)も4枚、棚板はまったく同じサイズのものが20枚、最後にハカマが6本あるはずだ。このくらいはあらかじめ勘定して、その内容を諳んじられるようにしておきたい。また、以上述べた材料の他に必ず「余り材」が出てくるはずだから、それらもすべて「最後のひとかけら」まで受領しよう。これら余り材は断じて「不要なパーツ」などではない！　のちの工程で便利な道具や材料に化けて、立派に活用できる貴重な「財産」なのである。

本物の建具職人はこの辺の事情も熟知しているものだから、こちらが

言わずともすべての材料をキチンと整理して1ヵ所に固めてくれているはずである。材料の明細をすべて暗記して行って、「その場で」お互いキチンと確認し合うのは、そんな清く正しい建具職人に対する最低限の「礼儀」だろうと私は思う。

う〜ん、良い仕事してますねぇ

　こうして本物の建具職人に切ってもらった材料は、それはもう見事なほどに正確な寸法で仕上がってくる。20枚の棚板をキチンと重ねるとそれがまるで「ひとつのブロック」のように寸分違わず積み上がるほどなのだ。このような完璧の状態の材料さえ入手できれば、我々の本棚はもう「半分以上、できたも同然」と言えるかも知れない。以下に、その素晴らしい材料の様子を写真でご紹介しておこう。

購入した本棚の材料（4本分）　　重ねた棚板がまるでブロックみたい

　清く正しい本棚の、最初にして最後、最大の要は、材料の裁断なり！どうか、肝に銘じておいていただきたい。

第3章 材料編
3. ホームセンターに行こう!

■ 木工ボンドを買う

　清く正しい本棚の組み立て方とは、実に「単純明快」である。棚板に木工ボンドを塗り、側板に木ネジで締め上げる!　たったそれだけだ。この接合方法は、いわゆる「イモ付け」と呼ばれる手法である。

　日曜大工の教科書には「ほぞ組み」などと呼ばれる手法がよく載っているが、我々の本棚の組み立てではそんな面倒な方法は使わない。清く正しい建具職人が切った正確な材料を組み合わせて使うため、イモ付けだけでもキチンとした直角精度と充分な強度が確保できるからである。

　よって、我々としてはまず、ホームセンターで「木工ボンド」を買うことにする。容量500グラム入りのチューブを買っておけば、たぶん忘れるくらい長持ちするはずである。

　木工ボンドは、我々にもお馴染みの接着剤だろう。「酢酸ビニル樹脂エマルジョン系接着剤」というのが正式名称らしいが、木材・紙・皮・石膏ボード・発泡スチロールなど、非常に幅広い材料を接着することができる。水溶性で白色だが、乾くと透明になる。最近では、特に「速乾タイプ」と称する製品もあるようだ。

　ただし、私の経験では、この「速乾タイプ」よりもごく普通の「通常タイプ」の方が使いやすいようである。なぜなら、木工ボンドを塗って材料を組み立てる時は、必ずハミ出たボンドを濡れ雑巾で拭き取らねばならず、この拭き取り作業において、モタモタしていると速乾タイプの木工ボンドではすぐカチカチに固まってしまうからだ。

木ネジを買う

　木ネジ(もくねじ)とは、その名の通り木材を締め上げるネジのことだ。ホームセンターのネジ売り場で、頭が平らで先のとがったネジを探せば良い。最近では「コーススレッド」という名前の方がポピュラーかも？

　太さと長さでさまざまな種類があるが、材質では「ステンレス製」が強いそうだ。それを信じた昔の私は、もっぱらステンレス製だけ好んで買っていた時期もあった。しかし、実はステンレス製はお値段が非常に高いのである。「鉄製」のヤツの２～３倍くらいはする。木ネジの強さとは、要は「太さ」と「長さ」で決まると思うから、最近の私は材質を重視するより、見た目で頑丈そうなモノを選んで買っている。今回私が使ったのは、鉄製で太さ4.8ミリ×長さ90ミリという製品である。

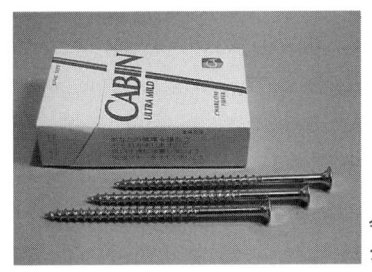

今回使用した木ネジ
タバコとほぼ同じ長さ

　ホームセンターでは、ネジ類が５～６本ずつ「小袋」に入った製品を見かけるが、我々の本棚作りでは想像以上に大量のネジが必要である。ざっと計算すると、以下の通りだ。

　　1段2本 × 両側2倍 × 棚板10段 × 本棚2本 ＝ ８０本！

　というわけで、だいたい「100本」を目安に買っておきたいところだが、そんな大量本数を先の「小袋売り」で揃えると非常に高くつく。しかし、ホームセンターのネジ売り場を探せば必ず「箱売り」の商品が

あるはずで、こちらは断然お安いから「超お勧め」である！　私が購入した下の写真の徳用箱は、200本入りでわずか497円だった！

木ネジは大量に必要
徳用箱なら大変安い

釘を買う

木ネジを買ったついでに「釘」も買っておこう。我々の本棚作りでは裏板の貼り付けやハカマ材の補強に釘を使う。

最近は100円均一ショップでも釘が売られている。裏板を固定するためには、長さ30ミリ〜40ミリ程度の釘が良いだろう。また、少し特殊なタイプの釘で、下の写真(右)のような「隠し釘」と呼ばれる釘もあるからご紹介しておく。

100均で購入した釘、長さは38ミリだ

これが隠し釘、頭の帽子にご注目

隠し釘とは、頭部分がわざと折れやすくなっている釘のことである。釘の頭に柔らかいプラスチックの「帽子」が付いていて、その根元には

切り込みがある。上から釘を叩き込み、この「帽子」を横から金づちで軽くハジキ飛ばすと、帽子もろとも釘の頭が切り込みで折れて見えなくなるのだ。ハカマ材を取り付けたあと、これを補強する際にはもちろん普通の釘を打てば良いのだが、ちょっと贅沢してこの「隠し釘」を使う方法も憶えておくと良い。本書第7章「実践編」で、この方法を詳しく解説したからご参考にしていただきたい。

木工パテを買う

　かなりあとの工程になるが、本棚作りの醍醐味として「塗装工程」がある。我々が作る本棚は、美しい「シナランバーコア材」でできているため、そのままでも日常的に使えないかと言うとそうではない。しかし塗装することでより「美しい」、清く正しい本棚となること請け合いであるから、ここは腹をくくって是非とも塗装することにしよう。

　本棚を塗装するために、まずは「木工パテ」を買おう。木工パテとは木材の穴やすき間などを埋める充填材のことである。私がよく使うのは商品名が「ウッドパテ」という製品で、こいつはどこのホームセンターでも販売している。色に「タモ」と「ラワン」の2色が用意されており今回私はラワン色を買ったが、もしかするとタモ色の方が、白くて良いのかも知れない。実際の塗装作業では意外にたくさんの分量を使うから少し大きめのチューブを買うと良いだろう。

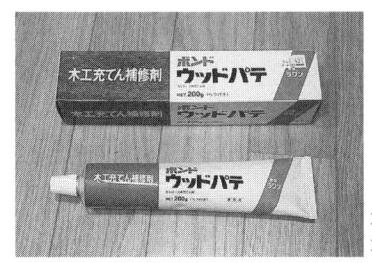

木ネジの頭を埋める
木工パテ

パッケージに表記されていることが多いが、必ず確認すべき点としてその木工パテは「上から水性ペンキが塗れるかどうか」に注意したい。中にはペンキを弾いてしまうものもあるため「水性ペンキが塗れる」という表示のある製品を買い求めよう。

本命の塗料を買う

次は、いよいよ本命の「塗料」を買う。塗料には、大別すると「透明塗料」と「不透明塗料」の2種類がある。

　　透明塗料：下地が透けて見える塗料。ニスやステインなど。
　　不透明塗料：下地が見えなくなる塗料。いわゆるペンキなど。

どちらを選ぶかはあなたのお好み次第だ。私自身はこれまでせっせと不透明塗料である「ペンキ」ばかり塗ってきたという経緯があり、透明塗料である「ステイン」などを使った経験は少ない。なぜなら、大昔は日曜大工で手軽に使える材木に美しい木目を持つモノが少なかったからである。前述の「パイン集成材」など使うなら、是非とも美しい木目を活かす透明塗料を使いたいところだし、私がお勧めする「シナランバーコア材」なら、不透明塗料の方がアラが目立たず良いと思う。

塗料は油性か？　水性か？

塗料には「油性」と「水性」という、2種類の分類方法もある。言うまでもなく、これはその塗料の「溶剤」を表す分類だ。

大昔なら、塗料と言えば「油性」の独擅場であった。どんな塗料でもシンナー系の「専用薄め液」が必要だったのである。この専用薄め液は塗料そのものとは「別売り」で余分なお金がかかるし、独特の刺激臭が大変強烈で、塗っている途中には必ず頭がクラクラしたものだ。

しかし、最近流行の「水性」塗料は文字通り「水道の水」を薄め液として使用することができる。またその匂いも「超微臭」と豪語しておりほとんど感じないし、ハケや塗り皿などのあと片付けがすべて水洗いで終わるなど大変便利なものとなった。水性塗料とは、まこと塗料業界における「革命的産物」だと私は思う。

というわけで、最近の日曜大工用塗料では「油性」よりも「水性」の方が圧倒的に品数が多い。私が学生時代に初めて使った水性塗料は塗りやすさの面では性能的にイマイチだった記憶もあるが、上記の理由から現在の水性塗料は大変使いやすくなっている。塗料売り場では、未だに「油性はねぇのか？」と店員に尋ねているプロとおぼしき人を見かけることもあるが、我々としては迷わず水性塗料の中から「透明」もしくは「不透明」のいずれかを買っておけば安心である。

水性ペンキとステイン
普通の水で薄められる

塗料の分量について

塗料売り場で塗料を買う時、さまざまな大きさの塗料缶を見て「どのくらいの分量が必要だろう？」と迷うことがあるかも知れない。我々はサブロク合板を切って本棚を作る。一方、塗料の缶には、製品内容量で塗ることのできる面積を「畳何枚分か？」で示した表示があるはずだ。

本棚の場合、塗装作業では元の材料であるサブロク合板の「裏表」を塗ることになる。よって、塗装すべき面積とは、元の材料の枚数を2倍

すれば良い。つまり、清く正しい本棚を2本作る場合はサブロク合板を3枚使うため、塗装すべき面積は「畳6枚分」になるわけである。

　この計算には、塗料を塗り重ねる「2度塗り」考慮は入っていない。また「裏板」を塗るための分量も含まれていない。もしも不安であればこれより若干大目の塗料を買っておけば良いと思うが、後述するように我々は「塗料は必ず薄めて使う」ことになるから、私自身の過去の経験から言うと、塗料は本棚の本体部分の面積を塗れるだけの分量で充分に足りるようである。

その他の買い物について

　以上で、ほとんどの買い物は完了した。まだ「買っていない」品物は塗装作業で使う「ハケ・紙ヤスリ・耐水ペーパー」などだが、これらについては、実際に塗装を行なう第5章で詳しく述べることにしたい。

第4章
組立編

いよいよ待望の、清く正しい本棚の「組み立て作業」に入る。まずは側板にケガキと呼ばれる作業を行なって、ドリルでネジ穴をあけよう。それら下準備が終わったら、いよいよ本棚の組み立ての始まりだ。自作本棚が、あなたの目の前に徐々にその姿を現わすことだろう。

第4章 組立編
1. 組み立て前の下準備を行なう

はやる気持ちを抑え、まずは下準備をしよう！

　今あなたの目の前には、清く正しい建具職人が裁断してくれた材料があるはずだ。前章でも述べた通り、この材料の加工の正確さはまさしく「折り紙付き」の一級品であり、我々はこの材料を木工ボンドと木ネジだけで組み立てていく。各部の接合面は「イモ付け」と呼ばれる単純な突き合わせ構造になるが、組み上がった本棚の全体精度と強度についてなにひとつ心配はご無用だ。材料の段階で極めて精度の高い直角を確保してあるから、これらを素直に突き合わせて組み立てるだけで、結果として正確で強固な「立体」ができ上がるからだ。

　ただし、この組み立て工程で苦労しないためには、当然ながら事前の下準備にもそれ相当の正確さが要求される。その「下準備」とは

　　① 側板に、棚板の位置をケガキする
　　② 側板に、木ネジ用の下穴をあける

という2種類の作業のことである。実はこの2種類の作業こそ、今後の組み立て工程の全体を左右するほど重要な作業なのである。

側板に、棚板の位置をケガキする

　まず最初に、本棚の側板が棚板と接する側の面に、棚板を取り付ける位置を描き込んでいくことにしよう。これが「ケガキ」と呼ばれる作業であり、シャープペンシルなどで側板に描き込む線が「ケガキ線」だ。

このケガキ線は、このあとの組み立て工程で棚板の位置を示す唯一の重要なラインとなるため、できるだけ細く(しかもクッキリ)描く必要がある。使用するシャープペンシルは0.5ミリ程度のもので、濃い目に描けるよう「B」か「2B」の芯を選ぶと良い。

ケガキ線は、本棚左右の側板でその位置を完全に揃える必要がある。例えば片側だけが1ミリでもズレてしまったら、そこに取り付けられる棚板もやはり片側だけが1ミリズレてしまい、絶対に水平を保つことはできないはずである。よって、このケガキは2枚の側板に対し気合いを込めつつ「正確無比」に行なう必要があるのである。

ケガキの極意とは、誤差を「累積させない」工夫である

しかしながら、ケガキはあくまでも我々の「手作業」である。2枚の側板に対して別々に採寸を行ない、別々にケガキ線を引いてしまうと、哀しいかな、そこには必ずや若干の誤差が発生してしまうだろう。この誤差の発生を可能な限り抑えるためには、誤差の発生そのものを抑えるだけでなく、やむなく発生する誤差を「累積させない」ことが必要だ。

すなわち、ケガキ作業の中で「どうしても、誤差が発生する部分」を冷静に見極め、そこで生じる誤差を「他の部分に累積させない」ように工夫するのだ。具体的には、誤差が発生する可能性のある採寸は片方の側板に対してのみ1度だけ行ない、もう1枚の側板に、その採寸作業の結果を現物合わせで「転記」するのである。

清く正しいケガキ線の引き方

というわけで、清く正しいケガキ線とは、以下の手順で引けば良い。まず、第2章で書いた全体図の「寸法表」を用意する。次に、床の上に

1枚の側板を寝かせて置いたら、寸法表の通りに定規で寸法を測りつつ側板の端に棚板の位置を描き込んでいく。

　例えば一覧表の下部「本体部分」をケガく場合は、まず側板の端から２１ミリのところに印を付ける。次にそこから２２５ミリ、さらにそこから２１ミリ、再びそこから２２５ミリ…という具合に、次々と正確に採寸した印を付けていくのである。

　この採寸作業は、側板の１８２０ミリの辺の「縁」に対して、あとになって見失わない程度の印を「ピッ、ピッ」と付けていくだけで良い。組み立てる本棚が「Ａ」「Ｂ」「Ｃ」どのタイプだろうが、採寸結果の合計は必ず１８２０ミリになるはずであるから、気合いを込めて正確に採寸していこう。定規は常に必ず真上から覗き込むように使い、針穴に糸を通すがごとく、目盛りとシャープペンシルに意識を集めるのがコツである。私はいつも、「息を止めて」この採寸をやっている。

　採寸が済んだら、たった今採寸し印を付けた側板の辺に、もう1枚の側板をピッタリくっつける。2枚の側板が接する直線の片方に、さっき描き込んだ印が見えるはずなので、これをもう片方の側板の辺に「現物合わせ」で正確に写し取っていくのである。このようにすれば、誤差が発生する採寸は「たった1度だけ」で済むことになり、しかもそこから誤差を累積することなく採寸結果をもう1枚の側板にも転記できる。

　なお、この「現物合わせ」では、2枚の側板がピッタリ正確に合っていないと、せっかくの転記が正確どころか、まったく意味のない作業となってしまう。2枚の側板がズレないように、床に寝かせた側板の端を平坦な壁に押し当てながら2枚の側板を突き合わせるなどの工夫が必要となるだろう。フローリングの床なら、床面の長い直線を目安のガイドラインにしても良いだろう。

さて、ここからがミソである。2枚目の側板に採寸結果を正確に転記できたら、今度は印が付いている側板の辺が各々「外側」を向くように2枚の側板の位置をひっくり返す。突き合わせた2枚の側板をタテ長に見た時、その左右を入れ替えるのである。またこの時ついでに、同時に組み立てるべき同じタイプの本棚が別にあれば、それらの側板もすべて最初の採寸済み側板の間にはさみ込んでしまうと効率的である。

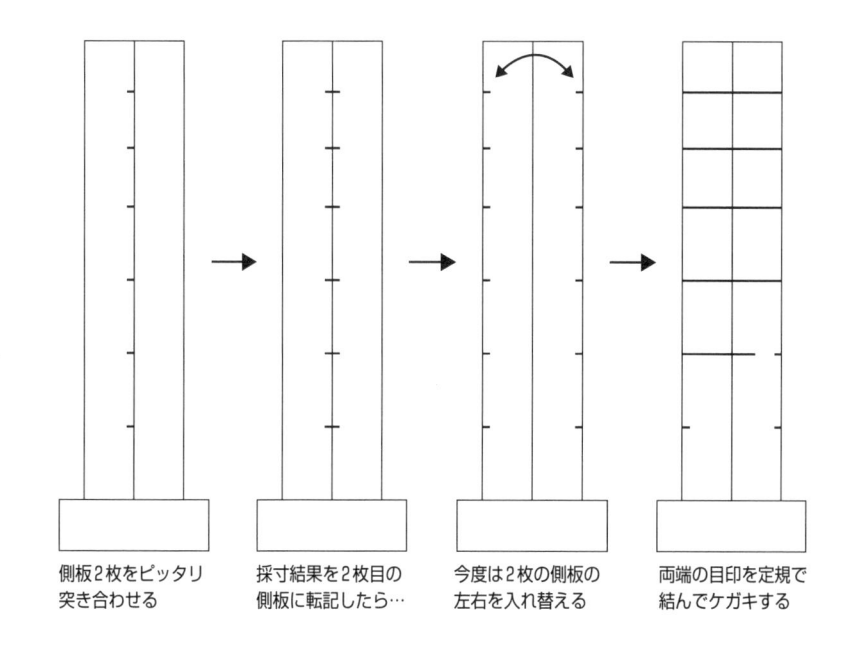

| 側板2枚をピッタリ 突き合わせる | 採寸結果を2枚目の 側板に転記したら… | 今度は2枚の側板の 左右を入れ替える | 両端の目印を定規で 結んでケガキする |

あとは、側板の両端に位置する採寸結果の印を長い直線定規で結んで一気にケガキ線を引けば良い。こうすれば、たった1度だけ行なう採寸作業の結果が、その正確さを保ったまま、今回組み立てるべきすべての本棚の側板に一気に転記できることがわかるだろう。

なお、この時に使用する「長い直線定規」には、材料をサブロク合板から切り出した時に残る「余り材」が利用できるだろう。特にサブロク合板のタテの1820ミリから切り出した余り材は、普通ではなかなか入手できない「貴重な定規」となる。

下の写真は、この長い定規を使って本棚2本分、4枚の側板に同時にケガキした様子である。ピッタリ揃った正確なケガキ線が引けている。

側板4枚を、まとめて
ケガキしているところ

　すべてのケガキが終わったら、材料1枚ごとに、どちらが上になるかあるいは前になるかを示す「目印」も描き込んでおこう。材料の木口や木端を見て、穴やすき間がより少ない方が本棚の「表側」にくるように材料の「前後」を決めれば良い。多少の不都合があっても、あとで木工パテを使って埋めるから心配はご無用だ。「どちらかと言えばこっちの方が綺麗かな？」という感じで選べば充分である。

側板に、木ネジ用の下穴をあける

　次はいよいよ、側板に木ネジを締め込むための「下穴」をあけよう。さっきのケガキで、側板上には棚板の厚みを示す21ミリ間隔の直線が並んでいるはずである。この2本線の中心部分の適当な位置にドリルで穴をあける。この下穴は、棚板1枚につき「片側2ヵ所」掘る。1枚の棚板を、側板の左右から4本の木ネジで固定するわけだ。

　下穴の直径だが、これは必ず、木ネジのネジ部分の直径よりは微妙に大きく、逆に木ネジの頭よりはかなり小さなものとする。今回使用する木ネジはネジ部分の直径が4.8ミリなので、下穴の直径としては5.5ミリ程度が良いだろう。ドリル刃はこの直径のモノを選べば良い。このようにネジ部分の直径より若干大きな下穴のことを「バカ穴」と呼んで

いるが、これはネジを締め上げる時に材料の位置を微妙に調整するため必要不可欠な考慮なのである。

穴あけ時の注意点

電気ドリルを使う場合、作業場所の床板を傷付けぬよう注意が必要である。ここでも残った「余り材」などを有効に活用して、材料を床から浮かすなどの工夫をすれば良い。棚板を2〜3枚程度重ねて、その上に側板を載せる方法もある。その場合、勢い余って大切な棚板まで一緒に穴をあけぬように注意が必要だ。

側板を並べ、まとめて穴あけ

床をドリルで傷付けないように

下穴をあける位置については、あまり神経質になる必要はない。本棚奥行き、つまり側板の「幅」に相当する部分に2本の木ネジを打つわけであるから、下穴の位置は側板の幅のおおよそ4分の1程度、すなわち奥行き210ミリの本棚なら側板両端から各々50〜55ミリくらいの位置に穴をあければ良い。

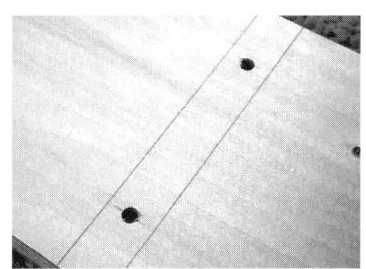

側板にあけられた
下穴の様子

この下穴は、側板に対して垂直に掘る必要があるが、ボール盤などの専用工具を使うわけではないので、必ずドリルの刃を真上から見下ろすようにして、なるべく21ミリ幅ラインの中央部分に慎重にあけていく必要がある。もっとも、この下穴は側板にケガキした面から外側方向に向かって通すので、実際に側板と棚板が接する接合面では多少のブレも充分「許容範囲内」に収まるはずである。

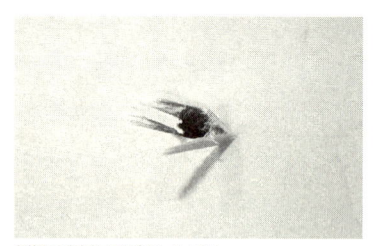

側板の表側に飛び出したバリ

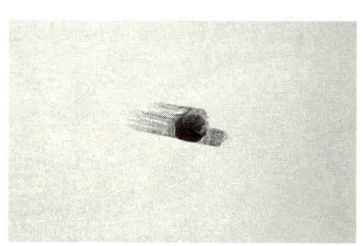

このバリは丁寧に取り除こう

なお、ドリル刃が貫通した向こう側、すなわち側板の表側には、シナランバーコア材の表面のシナベニヤが「バリ」となって飛び出すはずである。組み立て作業の途中で怪我をすると困るので、このバリは丁寧に取り除いておこう。ここは、木ネジを締め込んだらネジの頭が沈み込む部分なので、表面のシナベニヤを欠き取っても全然問題はない。

ドリルについて

ここでちょっと寄り道をして、穴あけやネジ止めに使用するドリルについて述べておきたい。

私が使っている電気ドリルは、日立製の「ドリルドライバー」という製品だ。クラッチ機能が付いていて、板に穴をあける時の電気ドリルとしての使い方と、ネジを回す時の電気ドライバとしての使い方の両方が可能である。充電式のバッテリは12Vタイプのものだが、やはり本棚くらいの大物を製作する時には最低限このクラスのパワーがないと辛い

ものだ。これから購入する人は、必ず１２Ｖ以上のクラスで、できれば予備バッテリが付属する製品を選ぶようにすれば良いと思う。

日立製ドリルドライバ、12Vの充電式

いろいろな太さのドリル刃に交換可能

　なお、ドリルドライバーと同じ売り場に「インパクトドライバー」と呼ばれる製品があるが、これはドリルの回転に一定負荷がかかった時に強烈な「打撃力」でネジを締め付けるものである。最近はスポーティでスタイリッシュな製品も多く、若い人にも大変な人気の様子だ。しかしその強烈なパワーは、犬小屋やウッドデッキ、あるいは石膏ボードなどおもに「建築現場」に近い場面でネジを締め上げる時には大いに威力を発揮するものの、半面、自作本棚にはやや持て余すことも多いのだ。

　しかも、インパクトドライバーとは、その名の通り「ドライバー」であって「ドリル」ではない。普通に根元が丸いドリル刃を咥えることはできない製品もあるから、その点でも注意が必要だと思う。私としてはインパクトドライバーは腕が上がってきた頃のお楽しみにとっておいて最初の１本を買うなら、やはりドリルとドライバが両方使える「ドリルドライバー」で、長く使える製品をお選びになることをお勧めしたい。

　ただし、この手の電動工具はどれも比較的高価なものである。ホームセンターの「お正月特売品」でも1万円以上はするため、初めて本棚を自作する人にはちょっと敷居が高いのも事実だと思う。サブロク合板に木ネジの下穴をあける時、もっと手軽な道具はないものだろうか？

そういう人に私がお勧めしたいのが、下の写真のような、昔ながらの「手回し式ドリル」である。

この手回し式ドリルは
古くからの私の愛用品

　大きなホームセンターを探せば見つかると思うが、この手回し式なら2～3本のドリル刃のセット品でも2千円くらいで買うことができる。板に穴をあける時はもちろん「人力」となるが、この手回し式は微妙な力加減が可能なので、電気ドリルを使うよりも遥かに綺麗な穴をあけることができる。使い方のコツは「ゆっくり使う」ことで、電気ドリルのようなスピードを要求してはならない。1つの穴をあけるのに1分ほど費やすくらいの覚悟で、気楽に「まったり」取り組むのが良いだろう。

　実は私自身、学生時代から数えて15年近く、もっぱらこの手回し式ドリルの愛用者だった。テレビで「水戸黄門」など観ながら気長に穴をあけていくのは意外に楽しい作業である。きっと由美かおるの「お風呂シーン」あたりで、1枚目の側板の穴あけが完了するだろう。

　以上で、組み立て作業前の「下準備」はすべて完了したことになる！次はいよいよ、本体の組み立て作業に突入する。

2. いよいよ組み立て作業を開始する!

まず、バケツと濡れ雑巾を用意する

　組み立て作業を開始する前に、まずはバケツを用意しよう。バケツがなければ洗面器でも構わない。中にはもちろん、水を汲んでおく。それから濡れ雑巾も用意する。ボロタオルでもあれば上等だ。このバケツと濡れ雑巾は、必ず組み立て作業の「開始前」に用意しておくこと！

　本棚を組み立てる作業に、どうしてバケツと濡れ雑巾が必要なのか？後述するが、これは作業中にハミ出る木工ボンドを「拭き取る」ためである。意外にも木工ボンドはすぐ乾き始めるため、これを拭き取ろうと思った時点で水を汲みに行ったのでは間に合わない。実はこのバケツと濡れ雑巾こそ、清く正しい組み立て作業の「影の必需品」なのである。

1枚目の棚板に、木工ボンドを塗り付ける

　いよいよ、記念すべき1枚目の棚板を取り付ける。この1枚目は本棚最上段の「天板」部分の棚板にすると良い。一番最初に木ネジを締める時に、不安定な体勢の中でも微妙な位置合わせが格段にやりやすいからである。棚板が側板に接する「木口」部分に木工ボンドを塗り付ける。その様子は下の写真をご覧いただきたい。

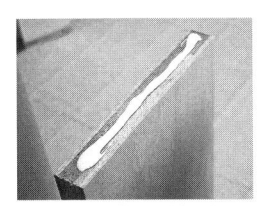

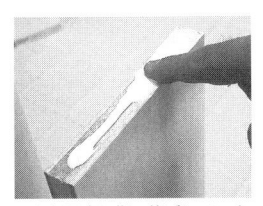

木工ボンドを「適量」絞り出し…　　それを丁寧に指で伸ばしていく　　こんな感じになればOKだ

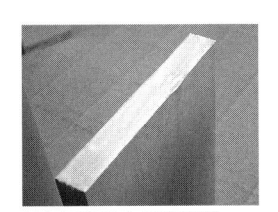

一筋のラインを描くように木工ボンドを「適量」乗せて、それを指で丁寧に塗り伸ばしていくのである。この時の木工ボンドの量は多過ぎず少な過ぎず、あくまでも「適量」を心掛けたいところだが、どちらかと言えば少ないよりは多い方が圧倒的に良いと思う。なぜなら清く正しい本棚の全体強度は、実はほとんどこの木工ボンドの「接着力」によってのみ得られるからである。信じられないかも知れないが、棚板と側板のイモ付けにおいて、木ネジにかかる力は棚板を「引っ張る」方向にしか働かない。よって木工ボンドが完全に硬化したあとでは本棚の全体強度にはあまり寄与しない、と言っても過言ではないのだ。

　上記の理由から、木工ボンドの量をケチることは本棚の強度を著しく低下させることになるため、絶対お勧めできない。組み立てを開始した最初のうちは「ちょっと多いかな？」と思うくらいの木工ボンドを塗り付けるのが安心だと思う。

直角精度をキープしながら、1枚目の棚板をネジ止めする

　塗り付けた木工ボンドが乾かないうちに、手早く1枚目の棚板をネジ止めする。1枚目が本棚の天板部分になることは先ほど述べたが、この1枚目の棚板の直角精度をキープするためには、下の写真(左)のように伸びた側板の向こう側にも、もう1枚同じ寸法の棚板を添えるなどして側板が水平を保つよう工夫すると良い。側板が水平なら、棚板を上から垂直方向に締め上げるだけで自然に直角が出てくれるはずである。

向こう側にも棚板を添えた様子

木ネジの頭が沈むまで締め上げる

木ネジを締め込む下穴は「バカ穴」なので、棚板の微妙なズレはこの段階でも多少ならば微調整が可能である。接合面のズレを指先の感覚で修正しつつも、ここまできたらとにかく木ネジを「力一杯」締め上げることが重要だ。締め上げた木ネジは、ネジの頭の部分が側板の中にメリ込んで見えなくなるはずだが、この時にできる側板の凹みは、あとから木工パテを使って埋めるので気にする必要はない。繰り返し述べるが、あくまでも木ネジは渾身のリキを込めて「容赦なく」締め上げること！木工ボンドが、接合面からビチビチビチ…と音を立ててハミ出るくらいまで締め上げるのが理想的である。

ハミ出た木工ボンドは完全に拭き取る

　こうして1枚目の棚板を完全に締め上げたら、急いで側板をひっくり返す。ハミ出た木工ボンドを濡れ雑巾で拭き取るためである。ボンドがタップリ必要なのはあくまでも接合面だけであって、木口からハミ出たボンドはまったく不要なのである。

ハミ出た木工ボンドが白く見える 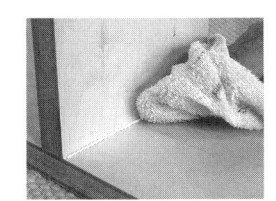　　濡れ雑巾で木工ボンドを拭き取る 　　ボンドは徹底的に拭き取るべし！

　側板をひっくり返すと、上の写真（左）のようにハミ出た木工ボンドが白く見える。これをゴシゴシこすって徹底的に拭き取ってしまう。雑巾には、あらかじめタップリ水を含ませておいた方が良い。木工ボンドは硬化前であれば水溶性なので、その性質を利用して「洗い流す」ような気持ちで完全に拭き取ることが肝要だ。

この段階で木工ボンドを徹底的に拭き取っておかないと、残り部分が硬化したあとではこれを完全に除去することは極めて困難である。木工ボンドを除去する「チャンス」はこの時しかないと心得るべきだろう。ハミ出た木工ボンドは本棚の美観を損ねるだけでなく、塗装時に「塗りムラ」の原因ともなるため、絶対に残すわけにはいかないのだ！

　次の棚板を取り付ける時には、たった今拭き取った木工ボンドの量を勘案して、次に塗り付ける木工ボンドの量を加減すれば良い。2〜3枚程度の棚板を締め上げた頃には、最初に述べた「適量」の程がハッキリわかるようになっているはずである。

一番下の棚板の取り付け方

　2枚目に取り付ける棚板は、天板とはまったく逆方向、すなわち一番下の底板の部分である。この底板は側板の先端ではなくハカマの高さ分だけ「底上げ」した位置に取り付けることになる。

　最初の棚板と同じように木口に木工ボンドを塗る。次にそれを側板にあてがうが、ここはあとになってハカマを取り付ける時に棚板の高さがハカマ材と完全に揃うよう、木ネジを締め上げる直前に、位置を微調整しなくてはならない。具体的には、底板をケガキ線にあてがう時、必ず実際に使用するハカマ材も当ててみて、その位置を微調整しつつネジを締め上げるのだ。

　位置の微調整には「金づち」を使うと良い。棚板に木ネジをある程度ねじ込んだ段階で、下からあてがったハカマ材をコツコツと軽く叩いて棚板を微妙に動かす。側板にあけた下穴が「バカ穴」だからこそできる芸当だが、こうして完全に棚板の位置を確定したあと本格的に木ネジを締め上げるようにするのである。

この微調整は非常に重要である。ハカマ材の端が側板の下端から少しでもハミ出してはならない。むしろ「気持ち的」には、ハカマ材の方が若干（本当に「気持ち」だけ！）、側板の下端より内側にくるよう微調整するのがコツである。

　上下2枚の棚板を固定すれば、全体が「コの字」を伏せた形になる。側板の両端に「足」が付いたような格好になって、手を離しても本棚は倒れなくなるから、以後の棚板の取り付け作業は非常にやりやすくなるはずだ。あとはまったく同じ手順で、次々と棚板を取り付けていこう。

反対側の側板の取り付け方

　以上のように、棚板に木工ボンドを塗り付けて、それを側板の面から木ネジで締め上げて、ハミ出たボンドを徹底的に拭き取っていく。この一連の作業を棚板の枚数分だけ繰り返していけば、やがて我々の本棚は下の写真のような姿になるはずである。

棚板の取り付けが半分だけ終わったところ

　すべての棚板が片方だけネジ止めされた状態である。次はもう1枚の側板を反対側からネジ止めするわけだが、この作業は今までの作業とは違って棚板を1枚ずつ締め上げることができない。すなわち、すべての棚板を全部まとめて一気に締め上げる必要があるために、ちょっとしたコツと手際の良さが要求されるのだ。

まず、あらかじめすべての棚板に木工ボンドを塗り付けておく。指でボンドを平たく伸ばして、上からそっと側板をかぶせたら、ここで手際良く棚板の位置だけを決めてしまうのだ。まだこの段階では、木ネジは本格的に締め上げなくても結構である。代わりに下の写真（右）のように「金づち」を使って木ネジを軽く叩き込み、ボンドが乾き始める以前にすべての棚板位置を「仮止め」してしまうのだ。

金づちで木ネジを仮止めしているところ

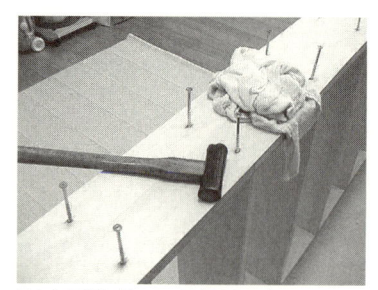

こんな写真を撮っている場合じゃない

　本棚の組み立てが完了したのち、すべての棚板が完全に水平を保っているか否かは、この「仮止め」の精度によって決まるだろう。すべての棚板を、側板に描かれたケガキ線に完全に合わせることが肝要である。キチンと「仮止め」できたら、ここで初めて木ネジを順番に締め上げていく。慌てず急いで正確に、1本残らず完全に締め上げよう。

なんとか無事に2枚目の側板が固定できた

　これら一連のネジ止め作業は、木工ボンドが乾き始める前に完了する必要がある。すべての木ネジを締め上げても、まだまだ油断は禁物だ。

なぜなら、ここでもハミ出た木工ボンドを拭き取る作業が残っているからだ。しかもこの拭き取り作業は、棚板枚数の2倍（すなわち 棚板が7枚ならその2倍の14ヵ所！）を一気に拭き取らねばならないわけであるから、この私のように、呑気に写真など撮ってる暇は（本当は）ないのである。どうかくれぐれもご注意願いたい。すべての拭き取り作業が終わるまでを、完全に「1セット」の作業と考えておくべきである。

締め込む木ネジが「効かない」時は？

　何十本も木ネジをねじ込むうちに、ごく稀に、木ネジを締め込んでもまったく「ネジが効かない」不幸が起こる場合がある。材料の加減からネジを回しても空回りするだけで一向に先に進まないのだ。こんな時は一度木ネジを引き抜いてから、その下穴に「爪楊枝」を2〜3本くらい差し込めば良い。場合によっては、爪楊枝よりも太い「割り箸」などの材料を叩き込むこともある。こうしておいて、再び木ネジを締め込めば今度は「ネジが効いて」強く締め上げられるはずである。

　上記の「裏技」を使ってもダメな場合は、思い切って木ネジの位置を変更することも必要である。この空回り現象は、棚板の材料であるシナランバーコア材の密度が場所によって微妙に違うために発生する。そのため、木ネジをねじ込む位置をほんの10ミリ程度ズラすだけでも解決することが多い。空回りで使えなくなった元の下穴は、あとからパテを盛り付けて埋めるから気にしなくて良い。

第4章 組立編
3. 仕上げ作業

本棚の「上部分」を組み立てよう

　本棚下半分、つまり「本体部分」の組み立てが終わったら、引き続き本棚の「上部分」を組み立てよう。この組み立て作業は本体部分よりは格段にラクである。何と言っても「材料の重さ」が違う。

　組み立て方法は、本体部分となんら変わるところはない。最初に1枚天板部分の棚板を取り付け、しかるのちもう1枚の棚板を取り付ける。最後に真ん中の棚板を取り付けたら全体をひっくり返し、今度は反対側から側板を取り付けるのである。もちろん、棚板を取り付けていく度にハミ出たボンドを徹底的に拭き取るのも同様である。

　初めて清く正しい本棚を自作する人なら、むしろ最初はこの上部分を組み立てるべきなのかも知れない。まずは「小物」を組み立ててみて、そこで得られる経験で全体の作業の流れを理解して、自信を深めたのち本体部分の組み立てに移るのである。

各部の直角を、再度点検しよう

　ついに、我々の目の前に清く正しい本棚がその勇姿を現した。各部の木ネジを力一杯締め上げてあれば、この段階で全体が「グラつく」ことなど有り得ないはずである。逆にこの段階でグラつくようなら、それは「一大事」であるから、もう一度木ネジを締め上げなければならない。

　何度も申し上げるが、材料の段階で「折り紙付き」の直角精度があり少なくとも左右の側板のケガキ線は「現物合わせ」でピッタリ合致して

いるのであるから、理論的には木ネジを力一杯締め上げるだけで全体もまた必ず直角になるはずなのである。

　この段階で、本棚背面に「裏板」をあてがってみて、寸法の正しさを確認しておこう。気の早い人は、もうこの段階で裏板を取り付けたいと思うかも知れないが、この裏板は本棚の塗装が終わってから取り付けることになる。裏板の寸法確認が終わったら、角を傷付けぬよう充分注意して、しばらく別の部屋にでも大切に保管しておこう。

最後に「ハカマ」を取り付けよう

　最後の仕上げとして、本棚前面下部に「ハカマ」を取り付ける。このハカマは、本棚最下段の棚板の前面から6～7ミリ程度奥に引っ込めるように取り付けると、グッと家具らしく見えて感じが良い。

本棚の底にハカマ材を取り付けているところ

　組み立てた本棚を横にして寝かせたら、ハカマ材を手に取ってそれに木工ボンドを塗り付ける。ボンドを塗るのは、ハカマ材が左右の側板と棚板の裏面に接する3ヵ所である。棚板の取り付け時と同じように指で木工ボンドを塗り伸ばしたら、本棚の底からハカマ材を差し込む格好で慎重に押し込んでいこう。ハカマ材の幅は棚板の幅とピッタリ同じはずだから、ハカマ材を金づちでコツコツ軽く叩き込むようにすれば良い。

ハカマ材の固定は木工ボンドだけでも構わないが、実はこのハカマは本棚完成の暁には部屋を掃除してくれる彼女や奥さんなどから掃除機でガシガシ「つつかれる」運命にある。特に、ケンカなどした時の主婦の腕力を馬鹿にしてはならない。よって我々としては、このハカマを側板方向と棚板方向から各々2本ずつ、釘でも打ち込んで固定しておく方が精神衛生上からも良いだろうと私は思う。この時に使う釘は、もちろん普通の釘でも良いし、また「隠し釘」でも良い。

　このハカマ材の固定方法も、本書第7章「実践編」で詳しく解説しているからご参考にしていただきたい。

組み立て完了した本棚
ボンドが乾くのを待つ

　以上で清く正しい本棚の「組立編」は終了である。組み立てた本棚は木工ボンドが完全に硬化するまで最低限「一昼夜」程度は放置しておくことにしよう。次はいよいよ、清く正しい本棚の「塗装編」に突入だ！

第 5 章
塗装編

清く正しい本棚の作り方も、いよいよ第5章の「塗装編」までやってきた。塗装工程は、慣れないうちはとても大変な工程のように思われるものだが、やってみると案外楽しい作業である。塗りムラなど気にせずどうか「おおらかな気持ち」で本棚の塗装を楽しんでいただきたい。

第5章 塗装編
1. 塗装工程の概要

おおまかな作業手順

　実は、塗装工程には「これが絶対に正解だ」という手順はないと私は思う。もちろん、ある程度のセオリーはあるかも知れないが、同じ塗装とは言っても、塗るモノと塗ったあとの美しさのレベルにおいて、要求される「品質」が千差万別だからである。例えば、犬小屋の屋根を塗るのとスピーカーを塗るのとでは、でき上がりの品質に対する「期待」が大きく違ってくることに誰も異論はないだろう。よって、ここでは特に自作本棚に限定して、ごく平均的だと思われる作業手順について概要を説明してみたい。

　最初の作業は「下地処理」である。材料であるシナランバーコア材の穴やすき間を木工パテで埋めて、そのあと全体を紙ヤスリでツルツルに磨き上げる。美しい塗装面の仕上がりを得るためには、この下地処理は避けては通れぬ工程だ。材料自体の穴やすき間は、ペンキだけでは絶対カバーできないからである。この辺の事情は、女性の化粧以前の「土台作り」にも通ずるところがあるのではないかしらん、と愚考する次第。

　下地処理が終わったら「ペンキ塗り」を行なう。まず下塗りを行ない次に上塗りを(何度か)繰り返す。最初からペンキを厚く塗るのではなく薄いペンキを何度も塗り重ねていくのがコツなのである。慣れない人は(慣れない人ほど!)、このペンキを最初からブ厚く塗ってしまう傾向にあるが、これは間違いである。「ペンキを塗る」ということは、材料の表面に「塗膜」を作ることであり、この塗膜は薄ければ薄いほど自然に働く「表面張力」の作用で均一かつ美しく仕上がるものだからだ。

自作本棚を塗装する場合は、塗膜を作るペンキ塗りは最低でも2回、余力がある場合や余力はなくとも目立つ部分は3〜4回程度、上塗りを重ねれば良いと思う。最終的には、あなた自身が「納得」する仕上がりレベルまで持っていくべきだろうが、この程度の塗り重ねでも棚板上に本の背表紙が「ぼんやり」映り込むくらいの仕上がりレベルにはなる。

　ペンキ塗りが終わったら、最後の「仕上げ」に入る。耐水ペーパーで水研ぎと呼ばれる作業を行なったのち、最終的な仕上げ塗りを行なえば塗装工程は完了だ。最後に本棚の「裏板」を貼り付ければ、我々の清く正しい本棚はめでたく完成となる。

塗装工程で必要な道具

　塗装工程で必要な道具について解説しよう。ペンキはすでに第3章で買ってあるので、残る買い物は「ハケ・紙ヤスリ・耐水ペーパー」だ。

　ホームセンターの売り場に行けば色々な種類があるが、ハケは毛幅が4〜5センチ程度で毛の部分が平らになっている製品が本棚の塗装には適していると思う。最初は1本あれば充分で、値段も700円くらいの製品で構わない。高くても1,200円くらいまでにしておこう。安物のハケは毛が抜けやすいのでプロは見向きもしないそうだが、我々の工作にはこれで充分である。ハケを買ってきたら、まずはペンキを含ませる前に毛先を何度も紙ヤスリにこすり付けて、あらかじめ抜けやすい毛を抜いておくのが宜しかろう。こうすれば、塗装中の毛抜けをかなり防ぐことができるそうだ。

　紙ヤスリにも、色々な種類がある。どの商品も必ず裏側に番号が印刷してあって、その番号で「目」の違いが区別できるようになっている。すなわち、この番号が小さいモノほど目は粗く、逆に番号が大きいモノほど目が細かくなる。本棚の塗装では「１２０番」あたりの比較的目の

粗い紙ヤスリで木工パテを削り取り、そのあと目の細かい「240番」あたりに切り替えて全体を磨くことが多いだろう。

　さらに「水研ぎ」と呼ばれる工程では、「耐水ペーパー」と呼ばれる非常に目の細かいペーパーを使う。耐水ペーパーとは文字通り、耐水性のある紙ヤスリのことであり、塗膜を水で濡らして磨き上げる時に使うモノである。目の細かさで言うと、その目はだいたい「1800番」か「2000番」あたりが使いやすい。紙ヤスリと同じ売り場で入手可能だが、こちらはその色が黒っぽいのですぐにわかるはずである。

　さて、これら紙ヤスリや耐水ペーパーは、そのどれもがだいたいA4サイズくらいで小売りされている。本書の内容にしたがって自作本棚を2本塗装する場合には、

　　　120番（紙ヤスリ）　　：4枚〜5枚
　　　240番（紙ヤスリ）　　：10枚程度
　　　1800番（耐水ペーパー）：2枚〜3枚

くらいの枚数を買い込んでおけば充分だと思う。「塗装工程」に必要な買い物はこれらがすべてである。全部で2千円もあれば、必ずお釣りがくるはずだ。

　最後にこれは「買い物」ではないのだが、塗装作業でペンキを入れる容器を準備したい。片手で持てる底が深めの容器なら何でも良く、家にある小さなバケツや、お菓子の空き缶などが利用できるだろう。独身者諸君には「お菓子の空き缶」など持ち合わせが無いかも知れないが、私自身は大昔から「洗面器」を使ってきた経緯がある。うるさい奥さんがいないなら、その大きさといい深さといい、洗面器は非常に使いやすい塗装容器であると申し上げておきたい。

作業場所の確保

　本棚に塗装を行なう場合に問題となるのは、道具よりもむしろ「作業場所の確保」の方だろうと思う。私はここ10数年来、自宅前の道路を作業場としているが、アパートやマンションなど集合住宅にお住まいの方々には、この作業場所の確保がやや難しいかも知れない。

　ズバリ、水性ペンキを塗るだけであれば、その作業は6畳程度の室内でも充分に可能である。私自身、独身寮や社宅などに住んでいた頃には室内でペンキを塗っていた。もちろん、会社には内緒である。

　しかしながら冒頭で述べた下地処理、すなわち「パテ盛り」「ヤスリがけ」の作業だけは、無理をしてでも屋外で行なうことをお勧めする。アパートやマンションなどの場合には、各ご家庭のベランダなどが利用できるだろう。大変かも知れないが、隣人に一言ご挨拶しておくなどの配慮があれば、これは決して不可能なことではあるまい。私自身も経験したことだから、どうか皆さんも工夫して頑張っていただきたい。

　例えば、一戸建てのご家庭で、道路に面したガレージがあって、そのガレージに屋根まで付いているとしたら、これはもう、本棚の塗装にはほとんど「最高の環境」である。その最高の環境を所有する幸せを噛みしめながら、さぁ、あなたも塗装工程にチャレンジだ！

第5章 塗装編
2. 下地処理（パテ盛りとヤスリがけ）

木工パテを盛る

　下地処理の最初の作業とは、材料の穴やすき間に木工パテを盛り込む「パテ盛り」である。我々の本棚は表面が美しいシナランバーコア材でできているが、それでも側板には木ネジを締め上げたあとの穴が並んでいるし、材料自体にも小さなすき間や穴があるものだ。これらすき間や穴のひとつひとつを、丹念に木工パテで埋め尽くしていこう。

　木工パテを買うと、たいていの製品にはプラ製の「ヘラ」が付属している。これでパテを盛り込むのだろうと誰もが思うが、実はこのヘラ、実際に使ってみると「まるで使い物にならん」ので注意が必要だ。木工パテは思ったよりも粘度が高く、ヘラではどうも上手く盛り込めない。チューブから絞ったパテは覚悟して指先にのせて、それを穴やすき間の上に少し「盛り上げる」ように塗り込んでいくのがコツである。これは溶剤の性質から、パテは乾くと必ず「肉痩せ」してしまうからである。ツライチに盛ると、乾いたパテはあとで必ず凹むものと心得るべし。

側板の木ネジ穴をパテで埋める 　　ランバーコア材のすき間 　　このすき間もパテを盛って埋める

　上の写真が、木工パテを盛り込んだ例である。パテが完全に硬化するまで、このまま最低でも一昼夜は放置する。木工パテは製品によっては乾燥時にひどい臭気を発するものもあるので、できれば屋外に放置することをお勧めしておきたい。

木工パテをツライチに削る

　木工パテが完全に硬化したのち、いよいよ「ヤスリがけ」作業を開始する。紙ヤスリは下の写真(左)のように、必ず木片などの平らなモノに巻き付けて使う。建具屋に裁断してもらった材料のうち、ハカマ部分の余り材などが有効活用できるはずである。

紙ヤスリは木片に巻き付けて使う 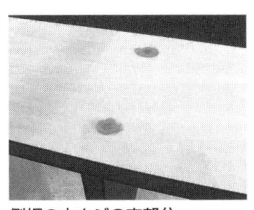　　側板の木ネジの穴部分 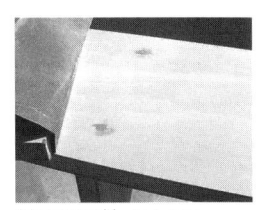　　紙ヤスリで削ったところ

　木工パテを削る時には、紙ヤスリは少々粗めの「120番」あたりが使いやすい。これから削る部分に紙ヤスリをあてがい、材料面に均一に力がかかるよう注意しながら気合いを込めて削る。硬化した木工パテがみるみるうちにホコリとなって飛び散り、穴やすき間部分がツライチになるはずだ。実に気持ちが良い。この時の「快感」はちょっと言葉では説明できないほどである。まるで自分が「飛騨の職人さん(か何か)」になったみたい…と言えば、この嬉しさが理解していただけるだろうか？

紙ヤスリをかける前の状態 　　削ったあとは見事にツライチ！

　木工パテを削っていくと、場所によっては削ったあとの表面のパテがツライチにならない部分が出てくることがある。不幸にしてパテ盛りが

足りなかったか、あるいは乾燥時の収縮に伴って木工パテがヒビ割れを起こした部分である。木工パテが完全硬化する前に削ると、硬化不足の部分がごっそりハゲ落ちてしまうこともあるだろう。

当然ながら、このような部分にはもう一度、パテを盛り付けなければならない。完全な乾燥には再び「一昼夜」を要するから、もしあなたが今度の週末に本棚を塗装したいと思うのならば、パテ盛りとパテ削りはウィークデーのうちに夜なべしながら少しずつ進めて、作業を完了しておくのが良いだろう。

材料の「面」を取る

木工パテを削ったら、今度は本棚の各部の「面」を取る。「面」とは材料の角の部分のことであり、下の写真のように紙ヤスリを巻き付けた木片を材料の角に対してほぼ45度に傾けて削るのだ。この「45度」という角度には、あんまり神経質になる必要はない。要は、材料の角が「ささくれ」を起こさぬよう、まんべんなく滑らかになれば良いだけのお話である。

紙ヤスリを45度に傾け面取りを行なう

面取り時の注意点は、削る角度よりも「削り忘れを残さない」ことである。と言うのも、材料の角部分とはすなわちすべての合板の「辺」を意味しており、冷静になって考えてみればわかるが想像以上に「多い」からである。1枚の棚板でも上部と下部とで2辺、これが前面と背面で

4辺、そんな棚板が10段あるから40辺、さらに側板は左右で2枚もあるし、いや待て、上段と下段なら…という感じで、その長さと箇所を勘定していくと本当にキリがない。面取り作業は、是非とも落ち着いて本棚の「端から順に削る」よう、強くお勧めする次第である。

清く正しいヤスリがけ

面取り作業が終わったら、次は紙ヤスリの目を「240番」あたりの細かいモノに取り替えて、今度は本棚全体を磨いていく。この作業では大量のホコリが飛び散り顔まで真っ白になってしまうだろうが、ここは是非とも頑張って磨いてほしい。特に棚板の前面部分は重要だ。材料を指先で撫でてみて、自分が「納得」する手触りが得られれば合格だ。

ゴシゴシと、ひたすら磨き続ける…

この「ヤスリがけ」作業は、清く正しい本棚作りの、全工程の中でも非常にキツい工程である。ひとつだけアドバイスをしておくと、決して短気を起こしてはいけない。「焦り」は禁物である。ゴシゴシゴシゴシゴシゴシゴシ…、ただひたすらに、一定の調子で磨き続けることが肝要である。今、磨いている自作本棚が、やがては自分の書斎に悠然と収まって、あなたが大好きな本たちを蓄え10年20年30年の時間が流れて、やがて自分が死ぬまでの一生、清く正しい本棚として活躍してくれるであろう姿を想像しつつ、ひたむきに磨くのである。

第5章 塗装編
3. ペンキ塗り（下塗りと上塗り）

いよいよ下塗り！

　ヤスリがけが終わったら、次は待望の「ペンキ塗り」である！　冒頭でも述べた通り、この塗装作業では、薄く溶いたペンキを何度も何度も塗り重ねていくようにする。購入した水性ペンキの缶に「このペンキは1度塗り専用です」などと書いてあっても、我々は絶対にペンキを水で薄めてから塗り重ねるべきなのである。

　天候のことだが、もちろん塗装作業は晴れた日にやる方が良い。ただここで必要なのはカンカン照りの太陽ではなく、むしろ乾燥した空気の方なのだ。塗装中の空気に「湿り気」があると、塗装した面が白く曇るいわゆる「カブリ」と呼ばれる現象が発生してしまう。これを防ぐためには、多少曇っていても構わないから、空気が乾燥していて湿度の低い日を選ぶと良い。天気予報の「お洗濯指数」などに注目し、清く正しいペンキ塗りに最適な日を選んでいただきたい。

ペンキ塗りの極意

　水性ペンキの缶からトロリと適量を塗装容器に流し込んだら、そこに水道水を入れてハケで良くかき混ぜる。およそ2～3倍程度に薄めれば良いだろう。ペンキをハケに含ませたら恐る恐る塗り始めるわけだが、その前にちょっとした「セオリー」を述べておく。

　① 目立たない部分から、先に塗っていく（→ 最初は本棚を逆さまに立てておく）
　② 一度塗ったところは、あまり弄らない（→ ムラや毛抜けなどは気にしない！）
　③ 塗りたい面を、できるだけ平らにする（→ 塗りながら、次々とひっくり返す）

実際の作業風景をお見せしよう。下の写真の一番左が、これから塗装する本棚である。ハカマ部分を上にして、ちょうど逆さまに立ててある点にご注目。下の方に見えるのは、道路をペンキで汚さないようにするための「添え材」で、これはもちろん合板の余り材である。集合住宅のベランダなどで作業する場合には、ペンキが垂れ落ちることもあるため新聞紙を数枚重ねた上に余り材を並べて、その上に本棚を立てるようにすると良い。ホームセンターに行けば適度な大きさの「養生シート」も安価で販売されている。

| 逆さまに立てた本棚 | 木口から塗り始める | 棚板の裏側を塗る |

　最初にハカマや木口部分を塗り、次に棚板を「上から順に」1枚ずつ塗っていく。全体をひっくり返してあるから、棚板は裏から先に塗っていることになる。つまり「目立たない部分から先に塗り始める」という第一のセオリーを遵守しているわけだ。

　下塗り段階での塗りムラは、まったく気にする必要はない。どんどんシャカシャカ、手早く塗り進めれば良いだろう。ペンキには、もともと自然に「表面張力」という力が働くから、塗装したあとを未練たらしく弄るのはかえって宜しくないのである。ハケの毛が抜け落ちても、気にしないこと。これは乾いたあと紙ヤスリで磨けば、たちまち消えてなくなるモノである。「一度塗ったところはあまり弄らない」これが第二のセオリーだ。下塗り時の塗りムラは、まったく気にする必要はない。大切なことだから、二度言いましたよ。

こうして逆さまにした棚板の裏側部分を塗り終えたら、少々乾かしたあと本棚全体をひっくり返して正立の位置にする。今度は棚板の表側を塗ることになるが、これも上から順番に塗っていこう。

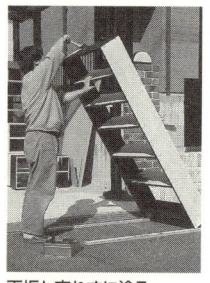

天板も忘れずに塗る　　　最後に側板を塗る　　　これで下塗り完了

　写真では側板表裏を塗る時に本棚を立てたまま塗っているが、「塗りたい面をできるだけ平らに」という第三のセオリーを遵守するためには横着をせず、ここでも本棚を横に寝かせてから塗るべきであった。私の作例では、たまたま自宅の新築に伴い、過去に製作した本棚の「すき間部分に押し込む」予定があり、本棚完成後には側板が見えなくなるのを良いことに作業を簡略化したというわけだ。

　なお、本棚裏側の木口には、あとで裏板を貼り付けるため、わざわざペンキを塗る必要はない。ペンキが垂れ落ちても気にせず、そのままにしておいて良い。本棚下部、ハカマの裏側部分なども同様である。

裏板を塗る

　本体の下塗りが終わったら、乾燥を待つ時間を利用して裏板も塗ってしまおう。裏板は、ベニヤ板の全体に紙ヤスリをかけて、切り口の面も取っておく。ここは特に「ささくれ」が出やすいところだから、入念に面を取るべきである。固く絞った濡れ雑巾で表面を拭いてホコリをよく取り除いたら、全体的にササッとペンキを塗っていく。裏板は、本棚の

完成後に本を入れるとほとんど目立たなくなる部分だから、仕上がりに関して神経質になる必要はない。むしろ、完成後に目立つのは、切り口部分の「塗り残し」だろう。ここにベニヤ板の地色など残ってしまうと非常にカッコ悪いので、ハケの側面を裏板の切り口部分に垂直に当てるように使って、決してペンキの塗り残しがないよう心掛けたい。

裏板を塗装して、乾燥させているところ

上塗りを何度か繰り返す

　水性ペンキは意外と乾燥が早い。缶には「水性反応硬化型ウレタン」と書いてある。本棚全体を塗り終わる頃には最初に塗った部分が乾いているかも知れないが、万全を期すなら引き続き「最低でも2時間」程度乾燥時間を取るべきである。

　下塗りが乾くと、本棚の表面が毛羽立ってくるはずだ。完全に乾いていることを確認したのち、「240番」の紙ヤスリで表面を軽く削って毛羽立ちを落ち着かせる。抜けたハケ毛がひっ付いていれば、こいつも一緒に紙ヤスリで削り取ってしまおう。塗装した色が多少落ちても気にするな。ここでは材料表面の毛羽立ちを取ることに専念すべきである。

　雑巾で汚れを拭き取り、薄く溶いたペンキを再びハケ塗りしていく。この重ね塗りが「上塗り」である。上塗りは、下塗り時に述べた3つのセオリーを遵守しながらも、ハケを塗装面に対し「垂直に」近く立てるようにして、ハケ目を全体に伸ばしていくような感じで塗ると良い。

少々時間がかかるが、ここでも「焦り」は禁物だ。とにかく、一度にペンキを濃く塗ろうとはせずに、塗っては乾かし、乾いたら毛羽立ちを紙ヤスリで磨き、磨いたらまたペンキを薄く塗る…という作業を何度か繰り返していくのである。塗りムラは、次第になくなるはずである。

下塗り完了直後の塗装面の様子

何度か上塗りを繰り返した様子

　上の写真2枚を比べて見て欲しい。部位は違うが、写真（左）が最初の下塗り直後の様子であり、写真（右）が上塗りを繰り返したあとの様子である。最初の写真では塗りムラが大変目立つが、上塗りを繰り返すうち比較的まともな塗膜に仕上がるのがわかるだろう。

　本棚はあくまでも本を収納する「実用品」であるから、全体をピアノみたいな「鏡面仕上げ」にする必要はないと私は思う。何度か上塗りを繰り返すのも、比較的目立つ本棚の表側部分だけで良いだろう。上塗り回数は1回～2回、余力があるなら3回くらいを目安にしておこう。

下塗りが完了したら
良く乾くまで待つ

4. 仕上げ (水研ぎと仕上げ塗り)

上塗りを何度か繰り返したら、最後の「仕上げ」作業に入ろう。ここでは「1800番」もしくは「2000番」の耐水ペーパーで「水研ぎ」と呼ばれる作業を行なって、そのあと「仕上げ塗り」をする。

水研ぎのやり方

「水研ぎ」とは、水で濡らした耐水ペーパーを使って、塗膜の表面を軽く磨く作業である。

棚板1枚ごとに、片手で水を2〜3杯すくってジャブジャブかける。かなり思い切ってかけても良い。水をかけたら、木片に巻き付けた耐水ペーパーをそっとあてがい、棚板の「長手方向」に沿って表面を優しく撫でるのだ。決して力を入れる必要はない。力を入れると、せっかくの塗膜を無用に傷付けてしまう。むしろ、木片は棚板に当てたあと心持ち上に持ち上げるようにすると、耐水ペーパーだけが棚板表面にピッタリ吸い付く感じになるから、この状態で木片をゆっくりと左右に動かせば充分だ。私はいつも、こんなフィーリングでやっている。

塗装面に水をかけて
耐水ペーパーで水研ぎ

水研ぎを始めると、最初は塗装面に耐水ペーパーが引っ掛かるような感じがあるが、ある瞬間から俄然動きが滑らかになるはずだ。白濁した

水の中にヌルヌルとした「研ぎカス」みたいなものが出てくるが、それには構わず全体に耐水ペーパーをかけていくと、塗装面にしっとりした滑らかな手触りが広がっていくはずである。

全体の水研ぎが終わったら、丁寧に「研ぎカス」を雑巾で拭き取っていく。この時、一時的に塗装面が真っ白に曇って驚くだろうが、これはまったく心配する必要はない。このあとの「仕上げ塗り」で、しっとりとした手触りはそのままで、美しい塗装面が蘇ってきてくれる。

仕上げ塗り

最後の「仕上げ塗り」では、もうハケは使わない。水でごくごく薄く溶いたペンキを雑巾に含ませ、塗面を「濡らす」ように塗っていく。

仕上げ塗り用ペンキは、本当に薄くても良い

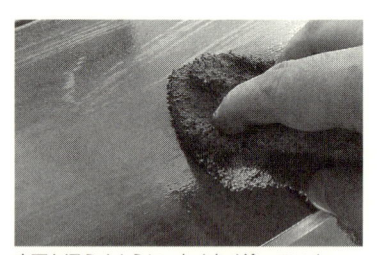

表面を濡らすように、丸く丸く塗っていく

仕上げ塗り用のペンキは、本当に薄くても構わない。上の写真（左）のように、新聞紙に塗れば文字が透けて見えるくらいまで薄めても良い。このペンキを吸わせた雑巾をそっとあてがって、小さな円を描くように塗っていく。この時の感じは「塗っている先から乾くような雰囲気」とでも言おうか？ あなたの本棚が、一段と美しくなる瞬間だ。

こうして美しい塗装面が広がっていくと、これまでの苦労が報われたような気分になって誠に感慨深いことだろう。我々の清く正しい本棚もいよいよ完成間近である。

第5章 塗装編

5. 最終仕上げ

裏板の貼り付け

　塗装が終わった清く正しい本棚に、最後の最後で裏板を貼り付ける。当然ながらこの作業は、塗装面が完全に乾いたのち、本棚を室内に持ち込んでから行なうこととなる。

　念のため新聞紙などで軽く養生した床の上に、本棚を俯せに寝かせて裏板をかぶせてみる。裏板の上下を本棚にピッタリ合わせたら、棚板の一部が見えるように裏板を少しだけずらして、棚板の位置を裏板に写し取っていく。この作業を裏板の左右に施し、定規で両端の点を結ぶ線を引けば、裏板に釘を打つべき場所を示すケガキ線が描けたことになる。

　このケガキが終わったら、いったん裏板を外し、木工ボンドを本棚の背面に塗り付ける。木工ボンドの量は、本棚を組み立てた時ほどは多くなくても良い。棚板と側板すべてにボンドを少量塗り付け、これを指で手早く伸ばしたら、いよいよ裏板の貼り付けである。

裏板をあてがい、ケガキする 　　木工ボンドを少なめに塗って… 　　裏板を金づちで釘止めしていく

　裏板の貼り付けは、できれば2人かがりで作業を行なうと良い。まず1人が裏板と本棚が接する一辺の位置決めを行ない、あとの1人がその一辺を「軸」にして、裏板を回転させるように載せるのである。裏板はピタリと本棚の背面に載るはずだ。

ケガキ線に沿って裏板を釘で留めていく。棚板1枚あたり4本程度の釘を打てば充分である。釘を打つ時は、裏板がずれないように上下から先に行ない、そのあと各棚板の部分を固定していくようにする。裏板は本棚の全体強度のうちでも特に「引っ張り方向」に効くから、釘と木工ボンドで「たるみ」が生じないよう貼り付けていくことが大切だ。釘を打ち込んだら、最後に本棚全体をひっくり返して、内側にハミ出た木工ボンドを雑巾で拭き取るのも当然の後始末である。

　以上で、清く正しい本棚の「塗装編」は終了である。塗装の終わった本棚を、静かに書斎に運び入れようではないか。

清く正しい本棚、堂々の完成だっ！

　おめでとう！　ついに、あなたの「清く正しい本棚」は完成した！

　一人で静かに感慨にふけるも良し、家族やお友達に自慢するのも良いだろう。あなたには充分その資格があるはずだ。もう一度言う。本当におめでとう！

第6章
設置編

丹精込めて作り上げた本棚を、初めて自分の部屋まで運び込む。その時の喜びは、その本棚を自作した本人にしか味わえない感激であろう。いよいよ今日から、あなたと「清く正しい本棚」の、長いお付き合いが始まるわけである。

第6章 設置編
1. 本棚の設置方法

完成年月日を記入する

　所定の場所に本棚を設置する前に、我々にはやらねばならぬ「崇高な儀式」がある。それは、本棚の裏板にマジックで「完成年月日」を記入することだ。

　「そんなの本棚を使い始めたら見えなくなるじゃん？」だとか「記念写真はさっきデジカメで撮ったしぃ」だとか、そういう考え方は無粋というものである。本棚に限らず「モノを自作する」という行為は、その完成品のどこかに心静かに完成年月日を刻むことで初めて完結するものであり、これを怠ることは「画竜点睛を欠く」ことに等しいのだ。

完成年月日の記入は
崇高な儀式だ

　もしもあなたが既婚者なら、あなたが苦労して本棚をこしらえたその過程を、ご家族の皆様も当然ご承知のはずである。ひょっとするとある人は、棚板の端を支えてくれたり裏板の貼り付けを手伝ってくれたかも知れない。そんな場合は、是非その人のお名前も「製作協力者」として本棚の裏板に謹んで書き加えることにしよう。そこに刻まれたお名前はその人にとってもきっと素晴らしい思い出となるに違いない。

本棚の「耐震考慮」の基本的な考え方

　自作本棚が完成した喜びに浸りながら、その本棚に蔵書を並べ始めた途端に、我々の関心は「本棚の耐震考慮」に向くはずだ。ご存知の通り日本は「地震国」である。「日本列島」ならぬ「地震列島」という言葉さえあるほどで、今日も日本のどこかで誰かの足元の地面が揺れているのである。新聞やテレビのニュースで、地震被害の速報など見聞きしてしまうと、今、目の前にそびえ立つこの巨大な自作本棚が、これまた今すぐにでも倒れてくるような気分になるのは仕方ないことだろう。

　しかし、ここで私があえて強調しておきたいこととは、我々が作った清く正しい本棚とは、それ自体では決して「不安定な本棚」ではなく、また「倒れやすい本棚」でもない！　という事実である。なぜなら、背が高くて薄い本棚は、その本棚が「高くて薄い」という理由だけで倒れるモノでは決してないからだ。なんだか「禅問答」のごとき物言いだがこの基本的な考え方は最初にしっかり押さえておいていただきたい。

　これは実際に自分で本棚を自作した人なら「事実として実感」できることだと思うが、我々の本棚は「空」の状態でもズッシリ重く、そこに置いただけで部屋の真ん中にしっかり「直立」するのである。床が水平ならグラつくことなど皆無であり、まるで本棚から床に根を張ったかのごとくドッシリしているだろう。本を入れたら全体がますます重くなりちょっとやそっとの衝撃では決して倒れることなどないはずだ。

　これまでも繰り返し述べてきたことだが、我々の作った本棚は、清く正しい建具職人が最高の直角精度で切り出した正確な材料を、木ネジを使って力一杯に締め上げたものである。正確な「直角の材料」を正確に締め上げたわけだから、でき上がる成果物の全体もまた、正確な立体になるのは当然の結果なのである。

私は、自分の本棚作りの腕を自慢しているわけではなく、耐震考慮を軽視しているわけでもないのである。清く正しい本棚は、誰が作っても正確な立体となる。木工技術の「巧拙」など関係ない。むしろ、これは純粋に「幾何学」のお話だ。そして誤解を恐れずに申し上げれば、その状態で床面に「直立」している本棚は、それが床面に「直立」している限り、最低限の耐震考慮さえ施せば充分だろうと私は思うのである。

　ちょっと、下の写真をご覧いただきたい。これは、近年、私が自宅の廊下に増設しつつある奥行き145ミリの「コミック専用棚」である。全高2270ミリ、全体で10段もの棚を有する本棚だが、さて、私はこの本棚に対し、どんな「耐震考慮」を行なっているだろうか？

近年廊下に増殖中の
コミック専用棚

　答えは「何もしていない」が正解だ。信じられないかも知れないが作った本棚5本を、そのまま廊下に「ただ並べてある」だけなのだ！

　設置場所が「廊下」という特殊条件であり、普段から私以外の人間は滅多に通らない場所でもあり、万が一大地震で最悪本棚が倒れることがあったとしても、狭い廊下の反対側の壁に引っ掛かれば本棚そのものが全壊することはないだろう。そんな自分勝手な「屁理屈」から後述する耐震考慮を一切施すことなく、つい手抜きを決め込んでしまったというわけだ。すでに、この状態で数年以上もの年月が経過しているが、これ

までのところこの本棚が倒れたことは一度もない。大きな地震も何度か経験したはずだが、全体としては微動だにしていないのである。決して褒めたお話ではなく、どなた様にもお勧めはできないだろうが、我々の本棚の安定性を如実に示す「一例」としてご紹介しておきたい。

本棚が倒れる理由

我々が作った本棚が想像以上に「安定している」ことは、先に述べた私の悪い例でご理解いただけたと思うが、それなら逆に、我々が作った本棚が不幸にも「倒れてしまう」のは、一体どういう状態になった場合だろうか？

この問題についてご説明したのが、以下に示す「3本の本棚」の図である。ここに図（A）〜図（C）の、3本の本棚がある。各本棚の中心付近には「重心」があって、そこから鉛直に伸ばした線が「矢印」で描いてある。これら3本の本棚で、実際に「倒れている」のはどれだろうか？

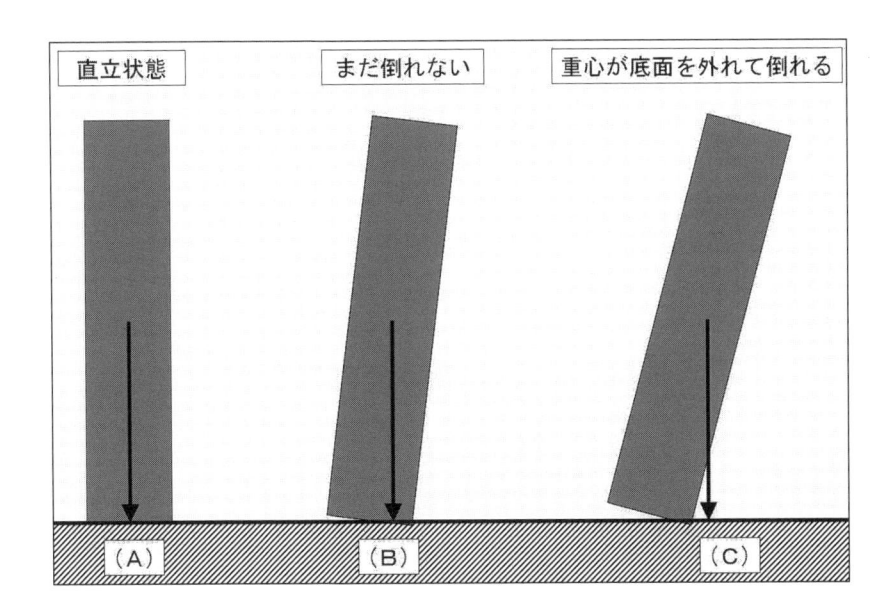

直立状態	まだ倒れない	重心が底面を外れて倒れる
(A)	(B)	(C)

答えは図(C)の本棚だけである。図(A)の本棚は「直立」しており、図(B)の本棚は「まだ」倒れていない。ここまで書けば、中学の理科の授業で習った有名な「ピサの斜塔」を思い出す人もいるだろう。

　本棚が水平な床の上に直立している時、その本棚の「重心」を鉛直に伸ばした点は、図(A)のように、必ずその本棚底面の範囲内に位置している。この時、本棚全高が高かろうが低かろうが、奥行きが深かろうが浅かろうが、この位置関係にはまったく違いがない。そしてたとえその本棚が傾いたとしても、図(B)のように、重心から鉛直に伸ばした点がその底面の範囲内に収まる限り、その本棚は決して倒れないと断言できる。

　本棚が倒れるのは、図(C)のように、重心の位置がその本棚の底面を外れた時だけなのだ。逆に言うと「重心を移動させない」ことが可能であれば、我々の本棚は「ピサの斜塔」と同じく数百年間でも「直立」し続けることができる。つまり本棚の耐震考慮とは、本棚の「重心を移動させない工夫」に他ならないのである。

重心を移動させない固定方法

　本棚の「重心を移動させない工夫」は、実はそれほど難しい工夫ではない。簡単な方法は、本棚の要所を下の写真のような「L字型金具」で固定することだ。このL字型金具は、どこのホームセンターでも「4個100円」程度のお値段で販売されている。

L字型金具は4個で100円くらいだ

このＬ字型金具を使って、実際に本棚を固定してみた例が下の写真である。固定する位置は本棚の本体高である1820ミリ近辺、ちょうど部屋の鴨井あたりが良い。左右で「えいやっ」とネジ止めして欲しい。自分が一生懸命塗装した本棚にネジを打つのはいささか勇気がいることだが、ここは思い切って決行することだ。本棚とはあくまでも実用品であって、耐震考慮のためにはストイックな割り切りが必要なのである。

L字型金具でガッチリ
固定された本棚

　逆に、読者の中には「重たい本棚を固定するのにこんな小さな金具で大丈夫か？」と心配する人がいるかも知れない。しかし、そのご心配はご無用だ。この金具にワイヤーを繋いで、上からクレーンで本棚を持ち上げるならともかく、単に「重心を移動させない」ためなら、この金具だけでも強度的な心配はまったくない。このことは私の過去25年間の経験から充分に保証できることである。

L字をひっくり返して
使うこともできる

　なお、このＬ字型金具は、上の写真のように、180度ひっくり返すことも可能だ。お部屋の状況に応じて使い分けると良いだろう。

もう少し本格的な固定方法

　L字型金具を使わず、もう少し本格的に本棚を固定したい場合、下の写真のように少し大きめの金具を使う方法がある。タバコの箱と較べてみれば一目瞭然だと思うが、この金具はかなり「大型」である。それもそのはず、この金具の正体は壁面に棚板を取り付ける時に、2本1組で使う「棚受け金具」と呼ばれるモノなのだ。こちらはホームセンターでちょっとお高いが「数百円」程度のお値段で入手することができる。

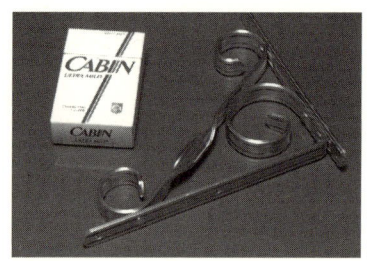

これが棚受け金具
タバコの箱より大きい

　棚板の荷重を下から支えるために作られたこの「棚受け金具」を使用すると、非常に強力に本棚を固定することができる。しかも本棚を固定する時はこの独特の形の「装飾部分」を水平に使うことにもなるので、チョイとしたものを吊しておくのにとても便利なのだ。独身時代の私はこの部分によく洗濯物などを干していた。

　後述するが、この棚受け金具は、本棚を「コの字型」に並べる場合やなんらかの事情で本棚を「壁から離れた位置」に並べたい場合などには特に大きな能力を発揮する。本棚が壁から少し離れており、L字型金具では壁からの長さが足りない場合でも、この棚受け金具を上手に使うと本棚をシッカリ固定できる。

　本章の後半部では「本棚の配置方法」についても考察するが、その際には是非ともこのアイデアを思い出していただきたい。

壁面への直接固定方法

　本棚を壁面に直接固定してしまう場合は、本棚の裏板に直接木ネジを締め込むことになる。賃貸住宅などの壁やコンクリート製の壁では採用しづらい方法かも知れないが、ご自宅を新築する際などには、是非とも検討してみる価値があると思われる。我が家においては、書斎に置いた本棚9本は、すべて壁面に「直接固定」している。

　この場合、締め込む木ネジの数は棚1段に付き2本を基準とし、ねじ込む場所は本棚上部から3段目ないし4段目までにしておけば充分だ。つまり、本棚1本あたりに6本〜8本の木ネジを「分散」して固定するわけである。こうすれば、あなたの本棚は壁とほぼ一体となり、極めて高い耐震効果が期待できるだろう。

ピッタリ本棚を増設する　　下段をハメ込んだところ　　ピッタリ本棚、増設完了

　この方法で本棚を固定する時に注意すべきことは、裏板を通して締め込む木ネジがきちんと壁の中の「桟木」まで達しているかどうかということである。そのためにはまず、壁面の「構造」を知る必要がある。

　近年の一般住宅の壁材には、石膏ボードが多用されている。この石膏ボードは厚さが約10ミリ前後、軽くて燃えにくく、しかもお値段までお安い、という魅力はあっても、こと「モノを固定する」にはまったく不向きな素材だと言える。

せっかく壁面にネジを打つのである。木ネジが壁の中の石膏ボードを突き抜けただけで「効いていない」となると、一体何のため直接固定を採用したかわからない。ネジを打つなら、それは必ず壁の中の「桟木」まで達してもらわないと困る。桟木は、金づちで軽く壁を叩けば比較的容易に見つけられるが、万全を期すなら写真のような下地探しの「専用ツール」を使うべきだろう。

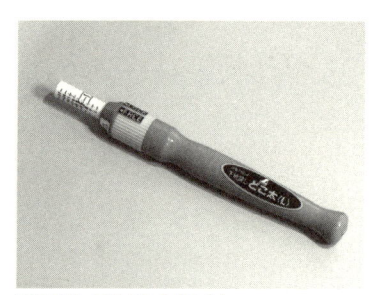

商品名は、下地探し「どこ太」　　　先端の針を突き刺して下地を探す

　このツールは、先端部分を壁に押し付けると中から「針」が飛び出す仕掛けになっており、壁の内部の下地を簡単に探すことができる。針が壁の中の「桟木」に達すると確かな手応えを感じるから、そこめがけて木ネジを締め込めば良いのである。お値段も数百円とそんなに高い道具でもないので、1本買っておけば便利だと思う。

本棚の「上下」連結方法

　我々の本棚は「上下2段構造」になっているため、この「連結方法」についても検討せねばなるまい。ただし、ここでも「横着」を決め込むようで恐縮だが、過去の私の長い経験では、下段の本棚さえしっかりと固定しておけば、実は上段は「ただ載せてあるだけ」の状態でも意外に大丈夫なことが多かった。これは上下本棚がお互い「面」で接しているために、中に本を入れてしまえば、そこに想像以上に強力な「摩擦」が生じるからに他ならない。

その前提で上下の連結を考えるなら、下の写真のような金具を使って上下の本棚をネジ止めしておけば完璧だと思う。見栄えを気にするなら上段の底板に上から直接ネジを締め込んで上下を連結する方法もあると思う。地上高で1820ミリ以上の高さにネジを打っても、普通の人の目には決して映らないはずだからである。

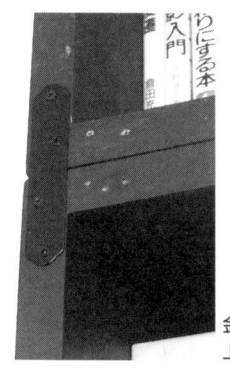

金具で固定された
上下の本棚連結部分

　なお、前述した壁面への「直接固定」を採用した場合、上段の本棚も壁に直接固定するはずだから、それ以上は上下の本棚連結について悩む必要はないだろう。

　これまでに述べてきた通り、本棚の固定方法のポイントとは「重心が移動しないために必要な工夫をする」ことで、逆に言うと「重心が移動しなければ必要充分」ということである。地震などの「大自然」の力は決して舐めてはいけないが、さりとて病的に神経質になる必要もないと私は思う。要は「バランス感覚」が重要だということだ。

和室に本棚を置く場合

　これまでのご説明は本棚をフローリングの「洋室」に置く場合を想定して書いてきたが、本棚を置く部屋が「和室」の場合は、その設置方法には注意が必要である。と言うのも、和室の「畳」というモノは、その構造上「縁」よりも「中央部」の方が弱く、上からの荷重に対し簡単に沈んでしまうからである。

　ご存知の通り、本が満載された本棚というものは非常に重く、これを畳の上に置くと盛大なる「沈み」が発生してしまう。ただしこの沈みは畳の「縁」と「中央部」で同じようには発生せず、たいていは中央部の沈みの方が縁の沈みよりも大きくなる傾向にあるために、結局のところ本棚の全体が「前方に傾いてきてしまう」のだ。

　この現象を防ぐためには、あらかじめ本棚下部を5～10センチ程度和室の壁から離して置くようにすると良い。本棚全体を「若干」後方に傾けてやることで、本棚を壁に「もたせかける」ようにするわけだ。

　この時、本棚下部をどの程度壁から離して置くかは思案のしどころである。先ほど5～10センチ程度と申し上げたが、私の経験ではかなり思い切って傾かせても大丈夫だった。畳がブカブカの、会社の独身寮に住んでいた頃には、確か10センチ以上離して置いていた記憶もある。とにかくこの辺は、ある程度フィーリングで決めていただきたい。

　いずれにせよ、本棚を傾けることで本棚前方下部には「くさび状」のすき間が空く。ここは何か適当な「詰め物」で埋めなくてはならない。新聞の折り込み広告紙などを細長く折って使うことが多いが、できればこの「詰め物」はすき間に合わせた「テーパー状」になっていると大変好都合である。どこのご家庭にもあり、本棚下部の詰め物として適当なモノとは一体何か？　それは「割り箸」だ。

写真のように、割り箸を2膳か3膳、同じ向きに揃えてセロテープで固く縛る。これだけででき上がりだ。場合によっては、割り箸を適当な長さに折り揃えて縛っても良い。一度作れば、何年でも使えるはずだ。

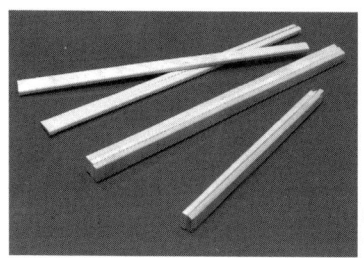

割り箸で作った詰め物
セロテープで巻いて作る

　こうして作った詰め物を、本棚前方下部に差し込む。この時、割り箸の先端が本棚下部から飛び出してしまうとあとで足を引っ掛けて大怪我をすることもあるから、注意が必要だろう。

和室の本棚の耐震考慮は「いつ」施すか？

　和室に設置した本棚に「耐震考慮」を施すのは、その本棚に本を満載したあと、畳が十二分に沈んだことを確認したのち行なうべきである。

　設置した直後の本棚をすぐ金具で固定してしまうと、その後数ヵ月で本棚が畳に深く沈み込んで、せっかく固定した金具に無理な力がかかることにもなりかねない。沈みが1〜2センチ程度に達することなど良くあるお話なので、本格的な「耐震考慮」を施すのは本棚を設置したのち充分な「様子見」期間を取って、畳の沈みが完全に止まったことを確認してからでも遅くはないと私は思う。

第 **6** 章 設置編
2. 本棚の電装方法

　自作本棚を部屋の中に設置する時には、いわゆる「電気コード類」の配線についても考えておく必要があるだろう。本棚の内部にステレオやラジオなど電化製品を置きたい場合もあるはずだ。ここでは、本が満載された本棚にまつわる「電装方法」について述べてみたい。

本棚の「裏」にコードを通すには？

　コンセントからテーブルタップを伸ばしたり、アンプからスピーカーケーブルを引き回したりする時は、それら電気コード類を本棚の背面に這わさなければならない。しかし我々の本棚は実用に徹したムダのない構造をしており、これを壁にピッタリ寄せて設置していると、大袈裟に言えばコードはおろか「アリの子一匹」通れるすき間もないほどだ。

　唯一残った空間は「ハカマ」部分の裏側であって、本棚の裏側に電気コードなどを通す場合には、この部分の空間を有効に利用するのが一番簡単な方法である。そのためにはあらかじめ、棚板下部の「角」部分をノコギリで欠き取って、壁面に沿うコードを逃がす必要があるだろう。一生懸命こしらえた本棚の一部をノコギリで欠き取るなんて、なかなかできることではないかも知れないが、これもまた、本棚を実用品として扱うために必要不可欠な「試練」である。

本棚背面の欠き取りで
電気コードを通す

この側板は決して大きく欠き取る必要はなく、もし電気コードを1本通したいならおよそ「5ミリ角」程度、3本以上通したい場合も「10ミリ角」程度を欠き取れば充分である。欠き取りの様子は、下の写真をご参考にしていただきたい。

ノコギリは切り始め以外、刃をまっすぐに当てる　　七寸目のノコギリで側板を欠き取ったところ

　この時に使用するノコギリは、目が細かい「七寸目」と呼ばれる刃のノコギリが誠に使い易いので「超お勧め」である。このノコギリを使い落ち着いて切れば、自分でも驚くほど綺麗に欠き取ることができる。

　この本棚背面の一部を欠き取るテクニックは、部屋の壁と床が接する部分に帯状に貼られた「幅木」などを避ける場合にも使える。私の本棚には幅木の欠き取りはないが、場合によっては、本棚を壁に密着させるため必要な措置なのかも知れない。ホームセンターに行ってノコギリを探す時は、この「七寸目」というキーワードを思い出して欲しい。

本棚の「中」にコードを引き込むには？

　一方、本棚の中、すなわち、ある特定の棚板の上にスピーカーなどの電化製品を置く場合は、本棚の「外部」からそのコードを本棚の中まで引き込む必要がある。部屋の壁と裏板の間にすき間がある場合、本棚の裏板に穴をあけてそこにコードを引き込むことも可能だが、本棚が壁にピッタリひっついている場合は、コードは側板の方向から棚の中に通すようにしなければならない。

この場合、引き込み用の穴をあける位置とは、コードを引き込む棚の一番奥の部分、それも上の棚板のすぐ下の角あたりがベストポジションだと思う。言葉では説明しづらいので、下の図をご参照いただきたい。

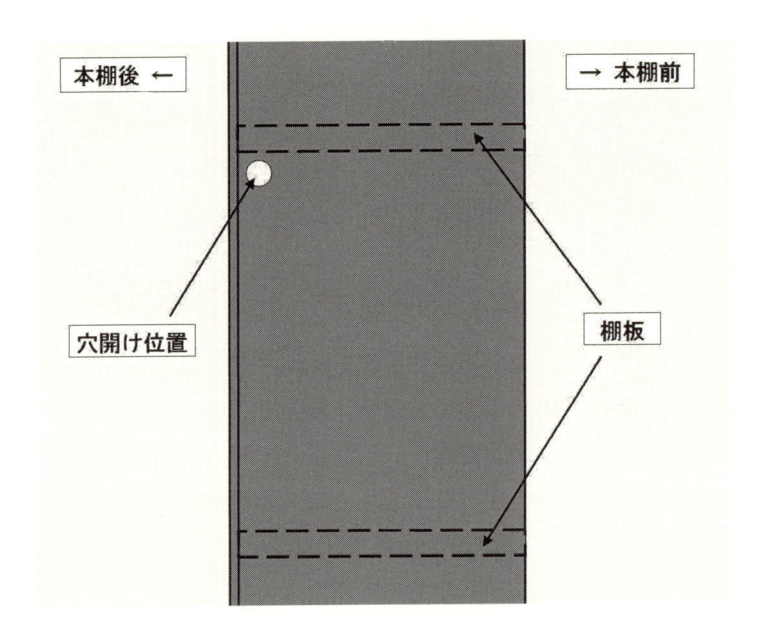

```
本棚後 ←                    → 本棚前

        ●
   穴開け位置                    棚板
```

　この位置にコード引き込み用の穴があれば、そこからコードを内部に引き込むことは容易いはずだ。複数の本棚が壁面に並んでおり、端からコードを通す必要がある場合でも、並んだ本棚のすべての両側板の同じ位置に穴をあけて、そこにコードを「貫通」させれば良いだろう。

本棚に「スピーカー」を入れよう!

　以上の手法を駆使すれば、本棚の中にスピーカーを入れて、外部からケーブルを繋ぐことも可能である。私には「オーディオ趣味」もあるが自宅のスピーカーは本棚の中に埋め込み、いつも身近にステレオ音楽を楽しんでいる。

下の写真が、私の部屋のスピーカーである。スピーカーの本体は本棚前面から数センチ飛び出ているが、実用上はまったく問題がない。その上にお気に入りのフィギュアなどを並べてあるのは、元祖オタク親父のちょっとした「嗜み」でもある。

本棚の中に埋め込まれたブックシェルフスピーカー

スピーカーに繋いだケーブルは、隣の本棚の同じ高さの棚の中を貫通して、一番端の本棚の側板から外に飛び出している。そこは部屋の隅に「L字型」に本棚を並べてある場所だから、スピーカーケーブルはそこからいったん床に伸びたあと、そのまた隣の本棚のハカマ部分をくぐり抜けて、ステレオアンプの端子に繋がっているのである。

スピーカーを収めた棚は、本棚の下から数えて4段目の棚だ。椅子に座った時にちょうど耳の高さ(床から120センチ程度)にスピーカーが位置することになって、これは音楽を聴くのに非常に都合が良い高さである。しかも、本棚にスピーカーを埋め込んで使うと、満載された本の背表紙があたかも「無限大バッフル」のような働きをしてくれる。文字通り、小さな「ブックシェルフ型」スピーカーが、巨大なスピーカーに化けるわけで、ステレオの音にも俄然迫力が出ようというものだ。

本書は、スピーカーの「セッティング方法」について論ずるものではないが、自作本棚ならこういう芸当もあなたの工夫次第だと言うことができる。是非、あなたも「壁一面の本棚」から、思う存分スピーカーを鳴らしてみて欲しい。

ハカマに「電源コンセント」を付けよう!

　最後にもうひとつ、読者の皆さんに是非ともお勧めしたいアイデアがある。本棚のハカマに「電源コンセント」を取り付けるのだ。

　ホームセンターで「露出型コンセント」と呼ばれる器具を買ってきてこれをハカマ材の適当な位置に取り付ければ良い。電源コードはハカマ部分の裏から下をくぐらせ、側板の欠き取り部分から取り出して、その先を普通の壁コンセントに差し込んである。要するにテーブルタップの差し込み口をハカマに固定したようなモノである。

ハカマにコンセントを付けると大変重宝する

　この「ハカマコンセント」はとても便利である。ちょっとした電源を取りたい時には非常に重宝する。我が家では、夏は扇風機、冬はファンヒーター、たまに電気ドリルやデジカメの充電器、ごくまれには掃除機など、1年を通じてこのハカマコンセントが大活躍である。我が家では書斎の本棚1本置きに、合計5ヵ所も取り付けているが、コンセントというものは、たくさん「あって困る」ものでは決してない。

　ご自分の本棚にハカマコンセントを付けようと思うなら、当然ながらその取り付け作業は「本棚完成直後」に行なう必要がある。本棚に本を入れたあとでもできなくはないが、やはり億劫になるのは仕方ないことだろう。これから取り付けようと思った人は、次の引っ越しチャンスを虎視眈々と狙うことにしよう。

なお、実際にこのハカマコンセントを本棚に取り付ける場合、厳密に言えばその行為は「電気工事」の範疇に入り、施工には専門「免許」が必要となる点に注意しておきたい。スイッチやコンセントの配線器具を取り付けたり、それに電線を接続したりする作業を行なうには「第二種電気工事士」免許が必要なのである。

ハカマコンセントへの
電源供給方法

　前述の「露出型コンセント」の取り付けなら無免許でも可能だという説もあるが、正確にはこれも既存設備の「交換のみ」可であって、残念ながら「新設」は該当しないようである。最初から、純粋に製品として売られているテーブルタップを買ってきて、その差し込み口をハカマに固定する程度なら問題ないだろうと思うが、気になる人は電気屋に相談してみれば良いだろう。

第6章 設置編
3. 規格化された本棚の並べ方

　ここまで本棚の「固定方法」や「電装方法」について述べてきたので次は本棚のさまざまな「並べ方」を考えてみることにしたい。自作した本棚をあなたのお部屋にどのように並べるのか？　あれこれ悩みながら考えるのは、実に楽しいひとときである。

まずは「2本」の並べ方

　まずは基本的な並べ方として、最初にこしらえた2本の本棚を並べてみる。下の図はごく一般的な「6畳間」の片隅に本棚2本を並べた時の様子である。ここでは畳1枚の大きさを「85センチ×170センチ」前後と想定しているが、これは私の自宅の和室の実測値だ。日本全国のご家庭の畳がこの大きさというわけでは決してなく、さらに多くの場合同じ部屋の中で畳の大きさがバラバラということも有り得るから、この図はあくまでも「イメージ図」だと考えていただきたい。

図（A）　一辺の壁に2本並べた本棚

図（B）　部屋の隅の「L字型配置」

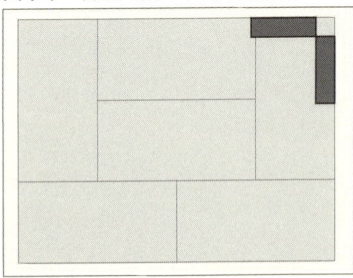

　図（A）は、一辺の壁に素直に2本を並べている。6畳間の長辺およそ3分の1程度を、本棚2本が占める感じになる。最も普通の並べ方だと思うが、これでは壁に窓がある場合などに、そこが埋まって採光が悪化する場合もあるだろう。

これに対し図（B）は、2本の本棚を部屋の隅に「L字型」に配置したものである。ご覧のように、なんとか「畳半畳分」のスペースに収まることがわかると思う。2本の本棚が接する、ちょうど部屋の角の部分は「中空」になるため、その空間がちょっとムダになるような気がしないでもない。しかし、ここは若干210ミリ角のスペースである。部屋の全体から見れば大したムダでもないだろう。むしろ、図（A）に較べると本棚2本が辛うじて「畳半畳分に収まる」ことのメリットの方が大きい場合もあると思われる。会社の独身寮に住んでいた頃、私は好んでこの「L字型」配置を使っていた。

　この「L字型」配置を採用する時は、片方の本棚の側板（側面）をもう片方の本棚の側板（前面）に、ほんの少しだけ、引っ掛けるようにすると良い。こうすれば、2本の本棚のうち少なくとも1本の片方はしっかり固定されるので、全体としても2本の本棚は倒れにくくなるはずだ。

　なお、前述した「中空」スペースは、本棚を固定したあとは文字通り天井まで届く「煙突」みたいな空間になってしまうから、何かの拍子に本棚の一番上からモノなどを下に落とすと大変なことになる。落としたモノは金輪際取れなくなるだろうから、心配ならボール紙などを使って煙突に「フタをする」工夫も必要となるだろう。

本棚を増設して「4本」にする

　人生で初めて2本の本棚を並べると、その後しばらくは、充分な本の収納量を味わえる。600ミリ幅で上下8段棚の「清く正しい本棚」は単純計算でも1本が4800ミリの棚板を有しており、それが2本なら実に10メートル近い棚板寸法となり、それだけでもざっと1000冊近い本が収納できる場合もあるだろうことは以前にも書いた。

　しかし、人生は長く、本は増え続けるのである。

2本の本棚から本が溢れそうになってきた頃、我々は再び本棚を2本増設して4本にするだろう。私の場合、結婚して長女が生まれたすぐの頃に、4畳半と6畳間だけの狭い社宅の片隅で、泣き叫ぶ長女を尻目にこの「本棚倍増計画」を実行に移した思い出がある。

図(C)　3本+1本の「L字型配置」

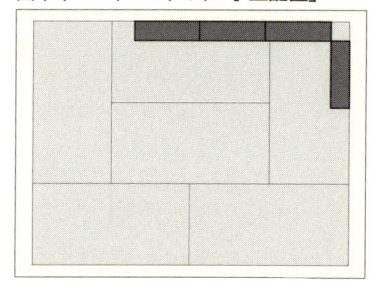

図(D)　2本+2本の「L字型配置」

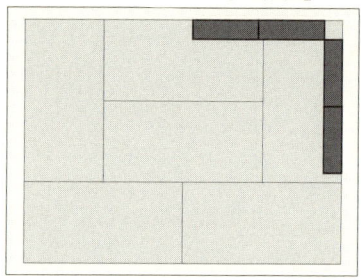

　上の図(C)と図(D)は、先の図(B)「L字型」を延長したパターンである。本棚が3本も並ぶ図(C)はちょっとした壮観だろうし、図(D)は本棚の反対側の部屋の角に机を持ってくると「振り向けば本棚」という感じになって、使い勝手も大変良さそうだ。

　本棚4本の場合、ちょっと面白い配置法が下の図(E)である。ご覧の通り、本棚4本を「コの字型」に並べる方法だが、この配置は、4本がおよそ「畳1畳分」のスペースに収まる感じになる勘定がミソなのだ。

図(E)　4本の「コの字型配置」

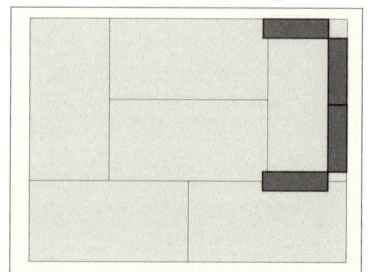

部屋のどこかに「床の間」みたいなスペースがあれば、ちょっと検討してみても良さそうな配置方法である。私の場合、転勤して社宅を出てぼろ家に転がり込んだ最初の頃、3畳の納戸を勉強部屋と称して、その一方の壁をこの「コの字型」本棚ゾーンにしていた時期がある。

　前述した通り、ご家庭の畳の大きさにはバラツキがあるから、4本の「コの字型」本棚が、いつでも床の間や3畳の納戸にジャストフィットするわけでは決してない。幅が余る場合は、本棚の1本を壁から離して置けば良いだろうが、わずか数センチの違いで泣く泣く「コの字型」を諦めねばならない場合だってあるだろう。

　ただし、この段階で「コの字型」配置にこだわるあまり、あとで増設する本棚2本の寸法を最初に作った本棚2本と違う寸法で作ることは、絶対に避けた方が良い。なぜならば、すでに本棚4本のオーナーであるあなたの場合には、将来的には九分九厘の確率でさらに本棚を増設するだろうことは想像に難くないからである。

　自作本棚である清く正しい本棚の「真の素晴らしさ」とは、将来的に本棚を増設していくその過程で、規格化されたまったく同じ外観寸法の本棚を、自由に組み合わせて配置できるという、その一点こそにある！たかが本棚4本くらいの段階で、この「規格化された外観寸法」という最大のメリットを捨て去ることは決して得策ではないだろう。

さまざまなバリエーション

　ここから先で述べる本棚の配置方法のバリエーションは、皆さん1人ひとりの人生により、最適な方法が違ってくる。基本的には「まったく同じ外観寸法の本棚」を次々と追加配備していくわけだが、以下がその並べ方として考えられるバリエーションだ。

本棚5本を並べる場合の一例が、下の図(F)と図(G)になるだろう。私の場合、前述した3畳納戸ではさすがに手狭になり、ようやく「ぼろ6畳」を我が城とした頃、図(F)にあと1本の本棚を加えるような形で頑張っていた記憶がある。あの頃の部屋にはまだ「クーラー」が付いておらず、真夏になると夜中でも汗水垂らして本を読んでいたっけなぁ。

図(F)　3本+2本の「L字型配置」　　　図(G)　本棚5本の「コの字型配置」

下の図(H)と図(I)は、本棚7本の場合の一例である。さすがにもうこのあたりの段階までくれば、自他ともに認める「蔵書家」の仲間入りだろう。お友達を呼んだ折など、本棚から大好きな本を取り出しながら楽しい話題も尽きないはずである。

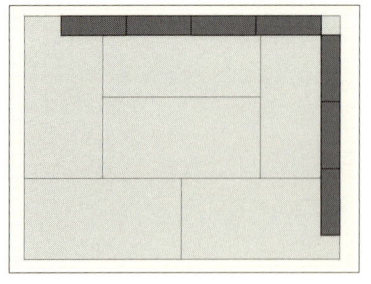

図(H)　4本+3本の「L字型配置」　　　図(I)　本棚7本の「コの字型配置」

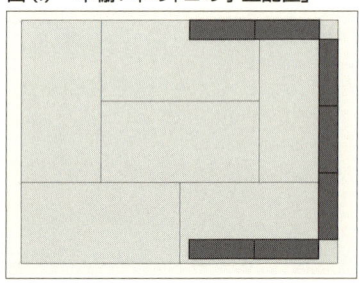

次図(J)は、ついに本棚9本に達した場合の一例である。現在の私の書斎には、この変形タイプに近い形で9本の本棚が並んでいる。数年前ようやく自宅を新築し、最後に増設した2本の本棚を、これまで作った

本棚を並べて「余った壁面長」にピッタリ収まる寸法でこしらえ、長年憧れだった「壁一面の本棚」をついに我が物とした。

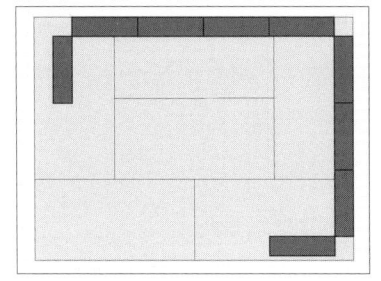

図(J) 本棚9本、我が家の書斎に近い形

本棚の「規格化」という観点で、言っていることとやっていることが全然違うのは恐縮だが、これは「自宅新築」という人生におけるビッグイベントに伴う「特例」だとご了承願いたい。この9本の本棚に限ればもう私が死ぬまでの一生、我が書斎に君臨し続けるはずだから。

興味深い「くし型」配置

一方、ここで述べておきたいのは下の図(K)の並べ方である。ご覧の通り2本の本棚を「背中合わせ」に置き、全体を「くし型」に配置することでより効率的に本棚を並べる方法である。これなら「畳2畳分」のスペースに、なんと9本もの本棚を並べることができる。

図(K) 本棚9本の「くし形配置」

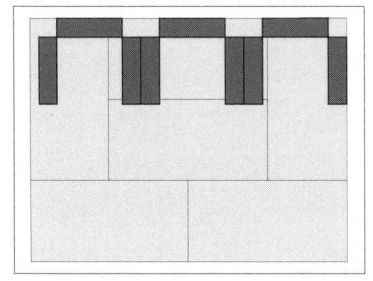

しかも、こういう並べ方をした場合、くしの「歯」に相当する部分の本棚上部をスチール製アングル材などでお互い連結すると、本棚全体がひとつの「巨大な塊」となり、耐震性能が飛躍的にアップするだろうというメリットも考えられる。

この並べ方は、実に興味深い。確かに見た目には「圧迫感」がひどいだろうし、本の背表紙を一望できないという意味でその採用には慎重を要するのかも知れないが、最初から特定の部屋を「書庫」のようにして使う覚悟なら、一度は検討してみる価値もあると私は思う。

この場合「くし」の幅は少なくとも本棚1本分、すなわち最低600ミリ程度は確保すべきだろう。そうしないと、向かい合った本棚の間に身体を潜り込ませても目的の本に素早くアクセスできないと思われる。

さらに妄想を逞しゅうすると

調子に乗り「イメージ図」を描き続けていくと、ついに我々は下図のような配置方法に辿り付くことになるかも知れない。

図（L）　本棚15本の「図書館型配置」　　図（M）　本棚20本の「書庫型配置」

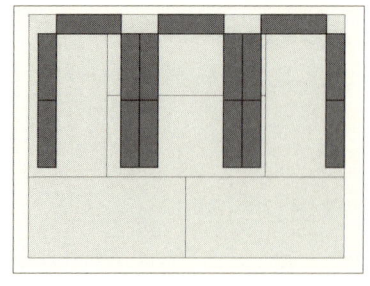

「畳6畳分」のスペースに、無理矢理本棚を押し込めば「理屈上」はこんな並べ方が可能だろうという一案である。図（L）で本棚15本分、図（M）の場合なら実に本棚20本分だ。棚板の総延長は100メートル

近くに達するから、これだけあれば通常の本好きが一生の間に買い漁るすべての本を収納することも決して夢ではないのではなかろうか？

　もちろん、こんな「書庫」を「建設」するつもりなら、その計画には当初から慎重な検討が必要となるだろう。何よりも重視すべきは床面の「耐荷重」であり、こんな並べ方の場合は部屋の中央部で本棚の重さがモロに効いてくるから、床面だけではなく床下からの「耐荷重」考慮も必須となるはずだ。

　私自身、いずれ将来は図(M)に相当する書庫を持ちたい、などと夢想しているところだが、それが実現した暁には、是非ともそのノウハウをご紹介したいと思っている。

人生は長く、住まいは変わる

　最初の2本の並べ方に始まり、その後の本棚増設のバリエーションを私自身の経験や思い出話なども交えてお話してきた。最後の方では多少「妄想」に近い部分すらあったが、同じ寸法で「規格化」された本棚を作れば、さまざまな部屋とライフスタイルの変化に応じて柔軟な対応が可能であるということだけは、ご理解いただけただろうと思う。

　あなたの蔵書が1000冊以下なら、最初は無理をする必要はない。まずは2本の本棚を作って、静かに自作本棚とのお付き合いを始めれば良いだろう。そして本棚から本が溢れ始めてきたら、その時点で以前と同じ大きさの本棚を作れば良いのである。そうすればいつの日か必ずやあなたの目の前に巨大な「システム本棚」が現れるはずである。それを可能にするのはやはり「自作本棚」以外には有り得ないと私は確信している。ここで私が強調したいこととは、

　　人生は長く住まいは変わる。…そして本は、確実に増え続ける。

ということなのだ。古今東西、現在過去未来、あらゆる先人これからの文明、それら森羅万象の叡知と業を「本」という媒体から吸収していく限り、それは仕方ないことと言えるだろう。なぜなら、大袈裟に言えばそれこそが、あなたが「生きていく」ことと同じ意味なのだから…。

意識する、しないに関わらず、あなたを含めて、それが「本好き」と呼ばれる人々の「宿命」であるなら、我々は「清く正しい本棚」を作り続けるべきなのである。

一度作れば50年は使える「清く正しい本棚」

学生時代から集め始めた本の整理に困って、私が初めて2本の本棚を自作したのは、独身時代の20代前半のことだった。その後、少しずつ本棚を作り続けて、気が付いたらなんと壁一面が本棚で埋まっていた！もちろん、当初から明確な「計画」があったわけではないが、いつかはこうなるだろうという「予感」はあったような気もする。

部屋の模様替えで本棚大移動！　　　大量の蔵書（の、ごく一部）

ある日、私が部屋の模様替えで大汗をかきながら本棚を移動していた時に、それを見ていた長女が1本の本棚の陰で笑い出したことがある。彼女が指差した本棚の裏板には、その本棚の完成年月日とともに「製作協力者」として妻の名が、そして「製作妨害者」として生後3ヵ月目の長女の名も記されていたからである。「ホント失礼ねぇ…」と苦笑していたその長女も、今年はなんと成人式を迎えてしまった。

このように、私が作ってきた本棚はすべてが今でも「現役」である。そしてそれらは、これからもずっと「現役」であり続けるだろう。清く正しい本棚とは、一度作れば「最低５０年は使える」本棚なのである。本当なら「１００年でも使える」と豪語したいところだが、残念ながらそれは、もはや私が生きているうちには証明できそうにない。そういう理由で「控え目」に主張してみたのがこの数字である。

もしもあなたが２０代の若者ならば、私と同じように、２本の本棚を自作するところから始めてみて欲しい。確信を持って断言するが、その本棚はあなたが死ぬまでの一生、必ずやあなたの「人生の財産」として末長く活躍してくれることだろう。

あなたにも必ず本棚は作れる！

第１章「蘊蓄編」で述べたことだが、最後にもう一度だけ申し上げておきたい。

世の中で「本棚を自作する人」は圧倒的に少ない。しかし、だからと言ってあなたに本棚が自作できないわけでは断じてない。誰にでも必ず本棚は自作できるのである！

これまで長々と述べてきた製作方法も、振り返ってみれば、何ひとつ複雑怪奇なことはしていない。一言で言えば「建具屋に切ってもらった材料を、木工ボンドと木ネジで締め上げた」だけである。もし自作することを躊躇している人がいたとして、その人が仮に市販品の本棚を購入した場合、その商品が「お客さま組み立て方式」だったなら、その人は結局まったく同じ作業を強いられることになるのではないか？　そんな風に考えれば、途方もなく大変そうに思われる「本棚の自作」も、実は全然大したことではないことに気付くだろう。

塗装作業にしても然りである。第5章の冒頭で、私は「塗装工程には
これが絶対に正解という手順は無いと思う」と書いたが、私が紹介した
方法とは、あくまでも本棚という「実用品」にペンキを塗る時のコツを
長年の経験から思い付くまま羅列しただけである。専門家の目から見て
有用な情報は、他にもたくさんあるに違いない。

　しかし、私自身も皆さんと同じ「素人」の一人であって、その素人が
長年にわたって何度もペンキを塗ってきて、曲がりなりにも実用品足り
得る本棚を完成させているのである。そう考えれば塗装作業も、特殊な
スキルが必須というわけではないことがおわかりいただけるだろう。

　必要なことは、ちょっとした「きっかけ」と「本を愛する気持ち」に
尽きるはずだ。そして、すでにあなたは「本を愛する気持ち」を人一倍
お持ちのはずである。あとは、本書があなたにとっての「きっかけ」と
なれば、筆者としてまさしく望外の喜びである。今後、一人でも多くの
方々が、私と同じように「清く正しい本棚」作りにご挑戦なさることを
私は心の底から願ってやまない。

第7章
実践編

本章では「実践編」と称して、これまで述べてきた蘊蓄や知識を総動員しながら実際に新たな本棚3本を製作してみたい。美しく豊富なカラー写真をご覧になるだけで、きっと本棚作りの新たな発見があるだろう。ハイブリッドな本書の「ハイライト」部分をお楽しみいただきたい。

写真=河合宏介　Photographed by Kosuke Kawai

第7章 実践編
自分だけの本棚を製作する

「実践編」で製作する本棚の紹介

　この第7章「実践編」では、これまでに述べてきた清く正しい本棚の作り方に基づいて、本書のためだけに、実際に本棚3本を製作したその詳細過程を、数百枚に及ぶカラー写真でご説明していきたい。

　1. 奥行き210ミリ・スタンダードタイプ　（全8段）
　2. 奥行き145ミリ・薄型タイプ　　　　　（全9段）
　3. 奥行き145ミリ・薄型タイプ　　　　　（全10段）

　今回製作した本棚は上記3本である。いずれも、これまで述べてきた清く正しい本棚の作り方を忠実に守って製作した本棚であり、本書前半部分の記述を詳細写真で補足することで、より具体的な本棚製作方法を読者である「あなただけに」お伝えすることが目的だ。実際にお作りになる時は、是非とも本章をご活用いただきたい。

　本棚3本を一挙に同時製作したのは、棚段数の違いによる収納可能な書籍や雑誌の種類を具体的に示したかったからである。また塗装工程においては意識的に、スタンダードタイプにはペンキを、薄型タイプにはステインを塗ってある。美しいカラー写真によって、不透明塗料である水性ペンキと透明塗料である水性ステインの各々の特徴も、充分ご理解いただけるだろうと期待している。

　この「実践編」は、書籍版である本書のためだけに編纂されたものである。よって、本章の内容は将来にわたりWeb上には一切公開される予定がないことを、あらかじめご了承願いたい。

1-1 板の材質と特徴

我々が自作本棚の材料に求める要件とはやはり「強度」「表面仕上げ」「価格」の3点になるはずだ。一口に合板と言ってもその種類ごとに特徴があり、これら要件をバランス良く満たす材料を検討する必要があるだろう。長年の実績から本書が自信を持って推薦するのはシナランバーコア材に尽きるが、予算が許せばシナベニヤ合板を検討するのも良いと思う。

> **CHECK**
> **もうひとつの課題「板の厚さ」**
>
> 一般的に合板の厚さは3ミリおきに規格化されており、我々が良く見かけるのは板厚18ミリと21ミリである。同じ材料でも板厚により本棚の強度は大きく左右されるため大いに悩むところだが、本書の推薦はやはり板厚21ミリに尽きると言えよう。収納する蔵書の種類にもよるが、18ミリでは棚板の経年変化に大きな不安が残る。ずっと使い続ける自作本棚であるからこそ是非とも板厚21ミリを採用したい。

もっとも一般的なベニヤ板。非常に丈夫で価格が安いのが魅力的だが、下地処理には大変苦労させられる。

シナベニヤが一番上等な材料で、強度と表面仕上げは本棚の材料としても理想的。ただし、価格が高い。

シナランバーコアは、集成材を両面からシナベニヤではさんだもの。本棚には21ミリがベストチョイス。

パイン集成材は木目が非常に美しい。しかし、製品によっては下地処理が意外と大変なので注意が必要だ。

1-2 木取り図を描こう

　今回は奥行き210ミリのスタンダードタイプの本棚を1本、奥行き145ミリの薄型タイプの本棚を2本、合計3本を同時製作するため、その木取り図は複雑なものとなってしまった。最初にスケッチ程度の絵を描いて、今回は「ワード」の図形描画機能を用いて木取り図とした。本書第8章資料編に収録してあるので、ご参考にしていただきたい。サブロク合板4枚である。

簡単なスケッチを描いて、必要材料の枚数を検討しているところ。意外にたくさんの棚板が必要なようだ。

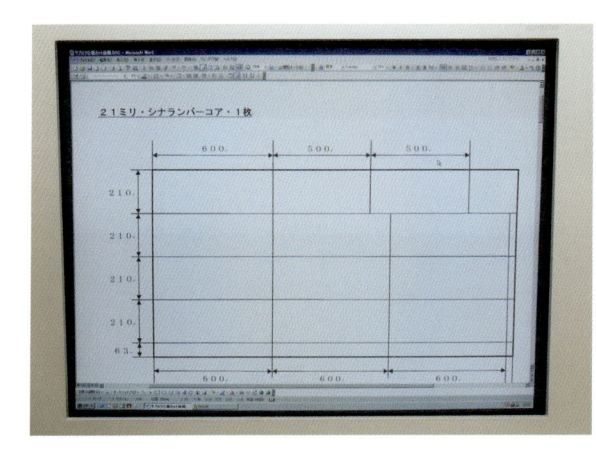

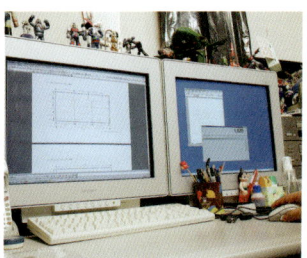

パソコンソフトの「ワード」を使って木取り図を描いてみた。専用のCADソフトではないが、これで充分だ。

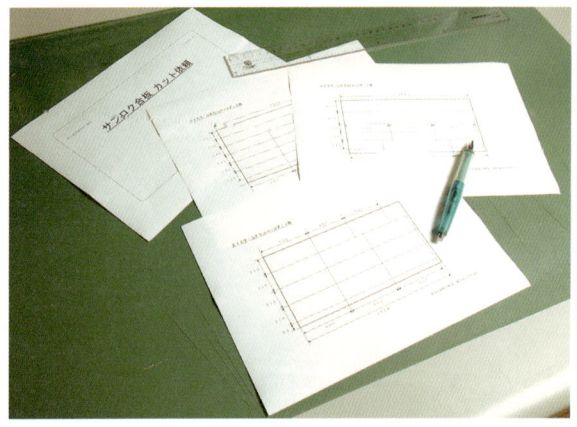

完成した木取り図。建具屋に依頼するため「表紙」まで印刷した。連絡先を記入しておけば、完璧であろう。

2-1 建具屋に裁断依頼

今回の本棚製作に当たり、材料の裁断は私が昔から贔屓にしている近所の建具屋に依頼した。本棚の材料であるシナランバーコア材の注文も、この店に依頼している。最近は建具屋でも材料を取り寄せてもらうことが可能だから、木取り図を見せる時に交渉してみるのが良いだろう。取材撮影に快く応じて下さった「野中建具製作所」にこの場をお借りして深く感謝いたします。

筆者がいつもお世話になっている建具屋。数年に一度くらいのペースで、もう10年以上のお付き合いだ。

作業所の屋根には、巨大なサイクロン集塵機が。中に入ると、注文品らしき作りかけの建具が並んでいた。

作業場の一番奥に、目指す大型パネルソーがチラリと見えた。材料の裁断作業はこのパネルソーで行なってもらうことになる。

2-2 パネルソーとは？

　パネルソーとは、板材や角材を裁断する時に使用する大型の専用装置である。壁に立てかけた大きなパネルに材料を固定して開始ボタンを押すと、回転ノコギリの刃が上から降りてきて材料を一気に裁断する。極めて正確な直線カットと、完全な直角が得られることが最大の特徴であり、本棚の材料の裁断には、このパネルソーをおいて他に手段はないと断言できるだろう。

全高4メートル以上もある大型パネルソー。さすがはプロの現場である。長尺の材料も一気に裁断できる。

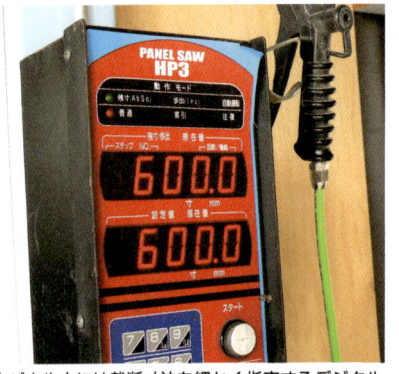

操作パネル上には裁断寸法を細かく指定するデジタル表示器があった。600ミリにセットしたところ。

テンキーで裁断寸法を入力すると電動のガイド板が動き出す。ガイド板は音もなく滑り、指定された位置でピタリと停止した。その精度は、なんと「コンマ1ミリ」のレベルだと言う。

2-3 いよいよ裁断開始！

　清く正しい建具職人が、操作パネルから裁断寸法を入力した。電動ガイド板が所定寸法まで移動したら、おもむろに裁断開始ボタンを押す。ノコギリ刃が回転を始めていよいよ裁断の開始である。軽い唸り音とともに、材料のサブロク合板は正確無比に直線カットされた。もちろん裁断の精度はコンマ1ミリレベルの正確さである。その丁寧な仕事ぶりに思わず溜息がこぼれた。

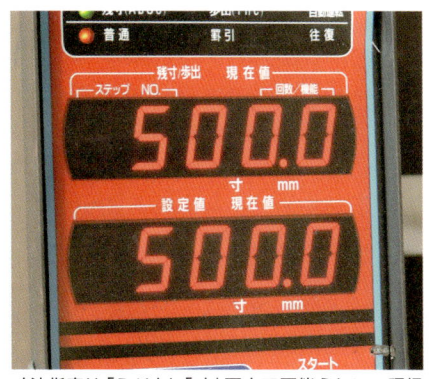

寸法指定は「ミリ」と「寸」両方で可能らしい。現場では、未だに「尺貫法」が生きているようだ。

裁断寸法を指定すると電動ガイド板が静かに正確な位置まで移動する。当然ながら、直角精度も完璧に保たれる。

コンマ1ミリまで指定可能な大型パネルソーは、近年まで存在しなかったそうである。昔ながらの職人の技が、正確無比の機械に置き換えられる日は果たして来るだろうか？

2-4 職人の仕事

　木取り図を見ながら職人は次々と必要な材料を切り出していく。同じ寸法の材料は一度だけセットする寸法指定によって同一サイズに揃えられる。あらかじめ誥んじておいた材料枚数が、きちんと揃っているか良く確認しよう。裁断時に生じる余り材も最後のひとかけらまで持ち帰りたい。この余り材は、このあとの本棚の製作において貴重な道具として活用できるはずだ。

210ミリ幅になったシナランバーコア材から棚板を切り出しているところ。

作業場の隅には、他の注文品らしい裁断済み材料が並んでいた。整理整頓が行き届いた現場である。清く正しい建具職人の習わしであろう。

クルマのシートを倒し、引き取った材料を持ち帰る。車内で暴れないよう座布団も準備していたが、実際には材料の重さもあって微動だにしなかった。

2-5 ホームセンターのパネルソー

　参考までに、いわゆるホームセンターのカットサービスについても述べておこう。裁断精度に若干の不安があるため、本当はホームセンターのカットサービスはお勧めしたくないところだ。しかし、どうしてもホームセンターを利用せざるを得ない時は同じ幅の材料は必ず「一度の寸法指定」で切り出せるよう、係員に対して厳密に裁断順序を指示すべきである。

操作パネル上には裁断寸法の指定用ボタン類はない。各種スイッチ類は切断速度の調整用つまみや、切断の開始(停止)ボタンだった。

ホームセンターのパネルソーは、建具屋のそれよりもやや小さめの「中型タイプ」のものが多いようだ。

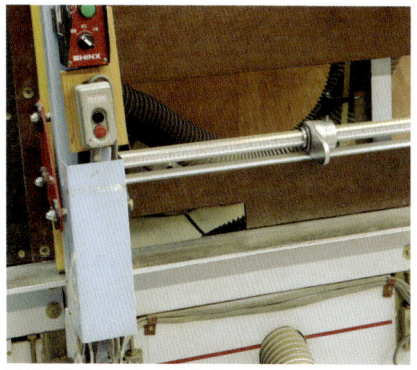

材料を裁断する時の寸法指定は、ネジ止め方式の手動ガイドで行なう。ガイド固定時にズレが生じやすい。

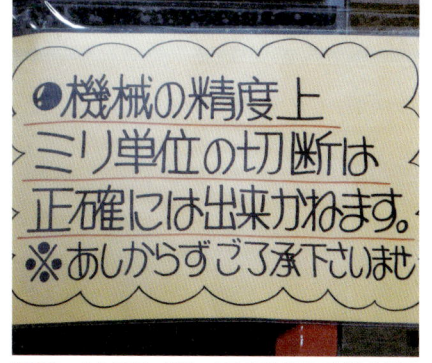

このホームセンターには、こんな注意書きが貼られてあった。むしろ、大変「良心的な」店だと思われる。

3-1 工具と材料

　自作本棚の製作で「必須」となる道具はまずドリルとドライバーになるだろう。木工ボンドと木ネジで組み立てる本棚において穴あけとネジ止めは避けては通れない作業だからである。電動「ドリルドライバー」があれば、これらの作業も楽に進められる。比較的高価な道具だが、是非とも購入しておきたい。ここでは、本棚の製作に必要な各種工具と材料などをご紹介したい。

> **POINT**
>
> **電気ドリルの賢い選び方は？**
>
> ホームセンターに行くと数多くの電動ドリルドライバーが売られている。バッテリー充電式と１００ＶのＡＣコード付きとがあるが、使い勝手の面では充電式に軍配が上がるだろう。注意したいのはバッテリーの電圧だ。最低でも１２Ｖクラスを購入しないと、木ネジを強く締め上げることは難しい。なお、似たような製品にインパクトドライバーがあるが、これはドリルの回転に一定負荷がかかった時強烈な打撃力でネジを締め付けるもので、自作本棚には持て余すことが多く、お勧めできない。

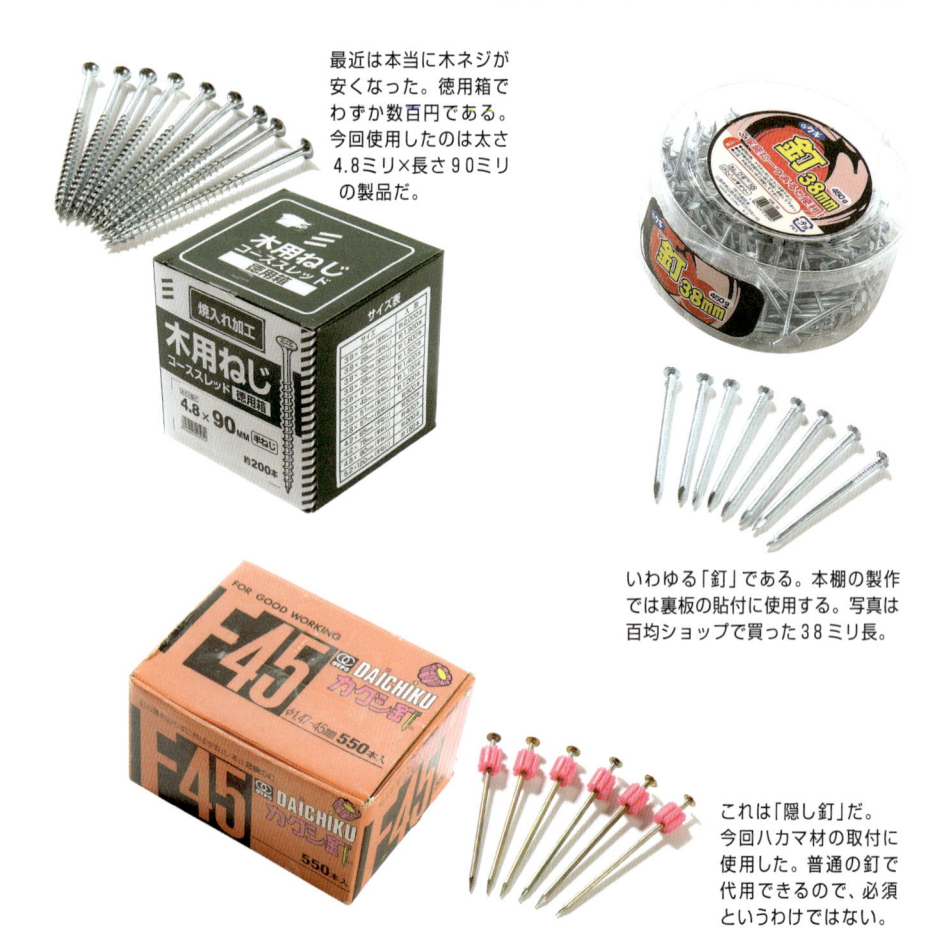

最近は本当に木ネジが安くなった。徳用箱でわずか数百円である。今回使用したのは太さ４．８ミリ×長さ９０ミリの製品だ。

いわゆる「釘」である。本棚の製作では裏板の貼付に使用する。写真は百均ショップで買った３８ミリ長。

これは「隠し釘」だ。今回ハカマ材の取付に使用した。普通の釘で代用できるので、必須というわけではない。

第7章 実践編

私が愛用している日立製電動ドリルドライバー。12Vバッテリー充電式のクラッチ機能付。

ドリルドライバーの先端部分には、交換可能な各種ビットを差し替えて使うことができる。

高価な電動工具がなくても、このドライバーさえあれば木ネジは締められる。先端がプラスのものを選ぼう。

どこのご家庭にもある「金づち」だが、意外にも本棚作りでは重宝する。木ネジの仮止めには欠かせない。

A4サイズの紙やすりと耐水ペーパー。ヤスリがけに必須。今回は120番・240番・2000番を使用。

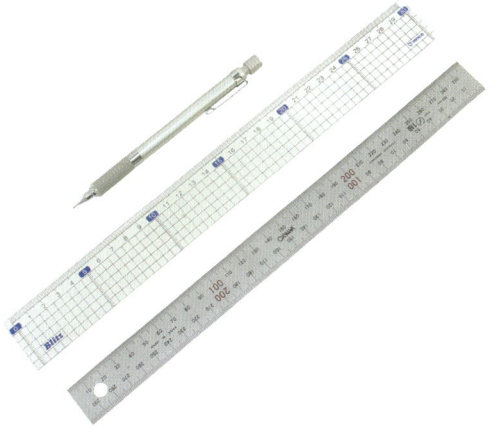

シャープペンシルと物差し。どこのご家庭にでもある品で良いが、物差しは透明アクリル製が使いやすい。

131

工具と材料

木工用ボンド。写真は速乾性だが、普通タイプの方が作業時間に余裕があり、拭き取り作業では有利かも知れない。

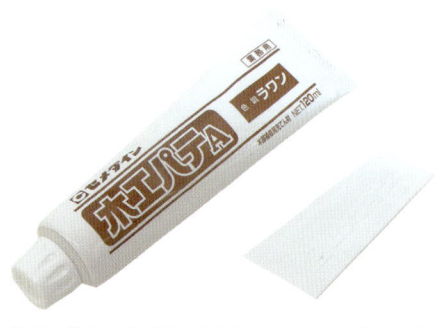

ラワン色の木工パテ。120mlで220gだったが3本の本棚で使うとギリギリの分量だった。

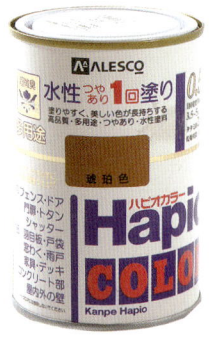

水性ペンキ。今回は琥珀色を買って塗ってみた。予想通り実に良い色だ。お勧めかも？

こちらは薄型タイプの本棚に塗った透明ステイン。色名はスプルース。木目を残せる。

塗装時の必需品であるハケ。今回使用したのは幅60ミリのもの。

ウエス。塗装の工程で使用する。ウエスがなければ、使い古したボロ雑巾を使っても充分だ。

ごく普通のバケツ。組立作業や塗装作業での必需品。半分ほど水を入れて使う。「蹴飛ばすな注意！」

3-2 便利道具と代替道具

このページでご紹介するのは自作本棚の製作に必須ではないが、あると便利な道具たちだ。最初からすべて買い揃える必要はなく、身の回りにある品物の中から使える道具を探し出すのも大切なDIY精神だと言える。自分なりに工夫し、あなただけの代替道具を探してみて欲しい。ユニークな発想から手放せないオリジナル道具が発見できるはず。

ノコギリもあると便利だ。写真の「7寸目」は嬉しい替え刃式で、切れ味も抜群である。

ごく普通の洗面器。大変優秀な塗装容器。なにも新品を買う必要はないが、奥さんの手前、自宅用を流用するのは危険かも？

ペンキを入れて使う、塗装用小型バケツ。お菓子の空き缶などでも代用可能だ。

水を汲んで注ぐピッチャー。ペンキを少しづつ溶いていく時には特に重宝する。

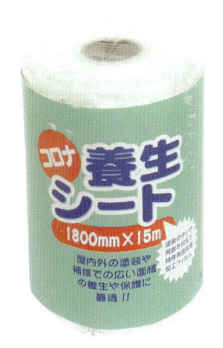

養生シート。通常は古新聞で充分代用可能だが、広い面積を覆う時には威力を発揮する。

私が昔から愛用してきた手回し式の木工ドリル。疲れるが、掘った穴は圧倒的に美しい。お勧めと言える。

釘の頭を叩いて沈める「二徳釘〆」という専用工具。確信を持って断言するが、この形が一番使いやすい。

4-1 断裁済みの材料を確認する

　清く正しい建具職人に裁断してもらった材料を自宅に持ち帰って並べてみた。正確無比に裁断されたその材料は、実に見事な表情をしている。これから製作する本棚に必要なパーツがすべて揃っているか、この段階で充分に確認しておこう。実は我々の清く正しい本棚は、この正確な材料が入手できた段階で「もう半分以上完成した」と言っても決して過言ではないのである。

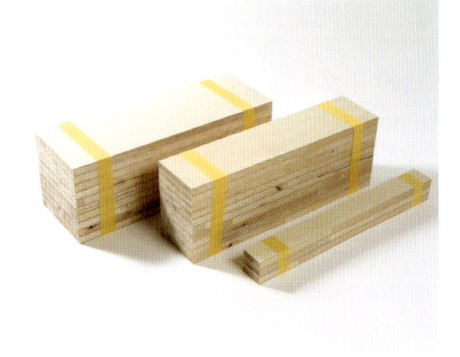

建具屋にカットしてもらって、自宅まで持ち帰ったシナランバーコア材。実に見事で美しい表情をしている。

10枚に重ねられた棚板が、まるでひとつの「ブロック」に見える。この切り口の「角」の正確さを見よ！

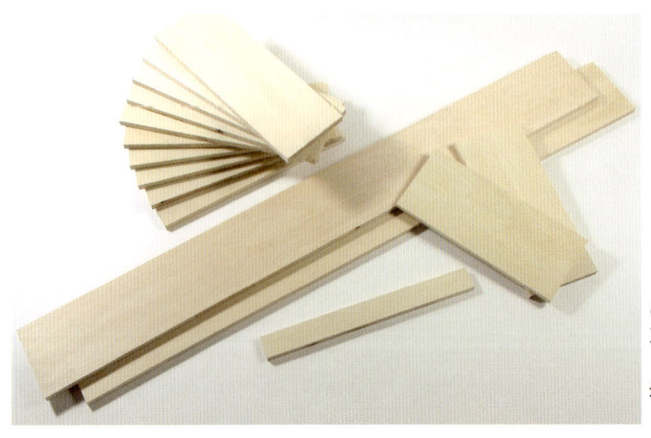

これが奥行き210ミリのスタンダードタイプの本棚1本分の材料である。側板長短2種の計4枚、棚板が10枚とハカマ材が1枚。

第7章 実践編

4-2 ケガキ線を書く

　いよいよ本棚の製作に着手する。まずは1枚の側板に、棚板の位置を正確にケガキするところから始めよう。本書第4章でも述べた通り、このケガキによって得られるケガキ線こそが、我々の本棚の組み立てにおける唯一絶対の基準となるのだ。片方の側板の長辺に対して正確に採寸した結果をもう片方の側板に正確に転記すれば、採寸作業の誤差の累積を防ぐことができよう。

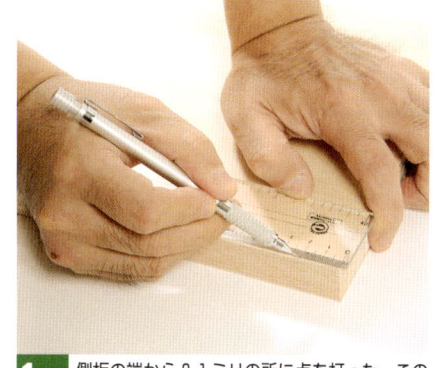

1 側板の端から21ミリの所に点を打った。この点が、1枚目の棚板（天板）の板厚に相当する。

2 次にそこから225ミリの所（1段目の高さ）に点を打つ。シャープペンでピッと打てば良い。

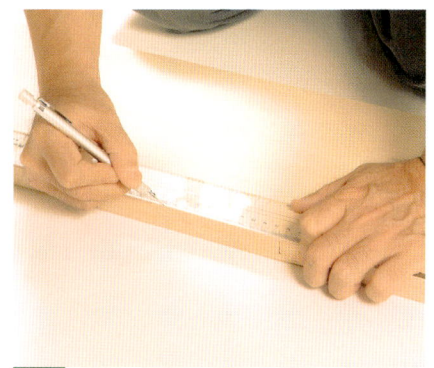

3 そんな具合に次々と点を打っていく。寸法表を見ながら、間違えないように採寸していこう。

4 採寸が終わったら、もう1枚の側板をピッタリ正確に突き合わせて、採寸した点を転記する。

POINT
2枚の側板の端を、正確に突き合わせよう

5 転記では、2枚の側板を正確に揃えることが重要。壁や別の板などを上手に活用しよう。

ケガキ線を書く

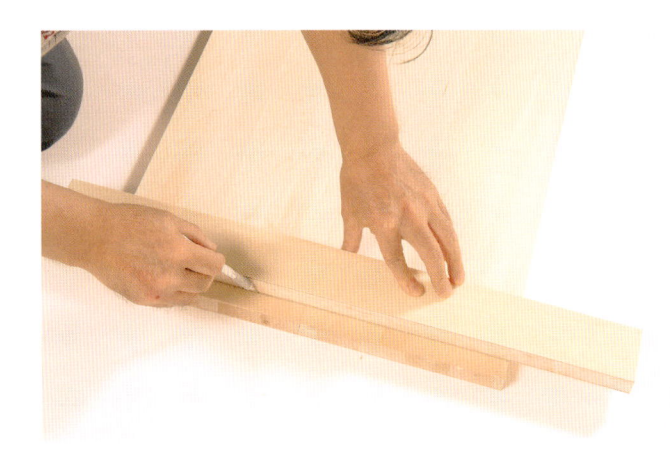

6 正確に転記できたら、2枚の側板の位置を入れ替え、両端にきた点を結んで線を引く。

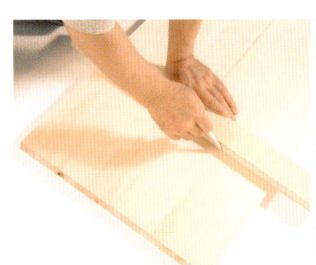

7 こうすれば、側板2枚に棚板の位置を一気にケガキできる。ひと目でわかるよう、シャープな線を描き込もう。

8 すべてのケガキが終わったら、最後に側板の木端部分にも棚板の位置を点で打っておこう。組立作業で必要だ。

4-3 側板に木ネジの下穴をあける

2枚の側板に正確に棚板の位置をケガキすることができたら、電気ドリルを使って側板に穴をあける。床を傷付けないように材料を浮かせ、真上からドリルを見ながら慎重に穴を掘っていく。穴の直径はバカ穴と言って、木ネジの直径よりはやや大きく木ネジの頭よりはやや小さめにしなければならない。穴の数は、棚板1枚につき片側2ヵ所とすれば良いだろう。

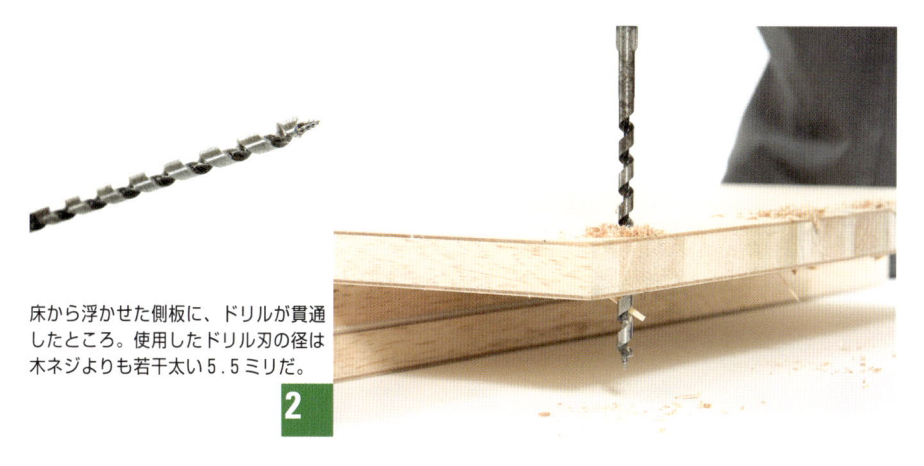

POINT
ドリルで床まで穴をあけてはならない！

1 適当な高さに棚板の材料を重ね、その上に側板を載せれば、床が傷付かずに済む。

2 床から浮かせた側板に、ドリルが貫通したところ。使用したドリル刃の径は木ネジよりも若干太い5.5ミリだ。

3 電気ドリルは、真上から見て慎重に使う。勢い余って床まで穴を掘らないように注意しよう。

4 こんな具合に、次々と穴をあけていこう。穴の位置が同じ部分は、まとめて掘るのがコツだ。

側板に木ネジの下穴をあける

5 こちらは本棚上段部の側板の穴あけ。穴の周りに溜まった木屑は、掃除機で綺麗に吸い取るのが賢いやり方だ。

6 ドリル刃が貫通した側板の裏には「バリ」が出るはずだ。怪我をせぬよう注意しながらこのバリを完全に取り除いてしまおう。

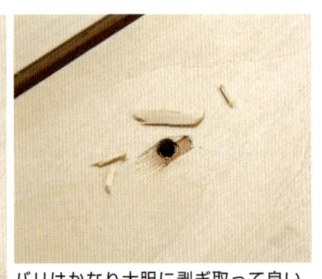

7 バリはかなり大胆に剥ぎ取って良い。たとえ側板の表面のシナベニヤが剥げ落ちても、あとで木工パテを盛るからまったく気にする必要はない。

5-1 いよいよ組立開始!

　いよいよ、清く正しい本棚の組み立てを開始する。基本的には片方の側板に次々と棚板を固定していくわけだが、一番最初に固定する棚板は本棚「天板」部分にすると良いだろう。不安定な姿勢の中、棚板面の微妙な位置合わせが格段にやり易いからである。棚板に木工ボンドを塗り付け、電気ドリルで容赦なく締め上げる。棚板を固定したら、ボンドは必ず完全に拭き取ろう。

1 固まる前の木工ボンドは水溶性だ。バケツには拭き取り用の水を半分ほど汲んでおこう。

2 2枚の棚板をそっと立てれば、その上に側板を載せられる。こうして側板を支えれば良い。

3 1枚目の棚板の取付は、天板になる側から開始すると良い。片手で支え木工ボンドを塗ろう。

4 チューブから絞った木工ボンドを、丁寧に指で伸ばしていく。まんべんなく伸ばすのがコツ。

5 ハミ出たボンドを拭き取りつつ、側板と棚板をツライチにさせる。指先の感覚が大切だ。

いよいよ組立開始！

6 側板の位置がある程度決まったら、側板の穴に上から木ネジを差し込み、金づちで軽く叩く。

7 棚板がズレないよう慎重に位置決めして、1本ずつ、木ネジを金づちで軽く叩き込んでいく。

8 叩き込んだ木ネジを、電気ドリルでねじ込む。ドリルを真上から見てズレないように…。

9 木ネジの締め上げは慎重に行なう必要がある。何事も、最初が肝心である。

第7章 実践編

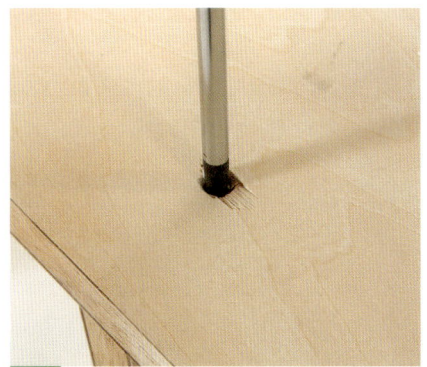

10 木ネジは渾身のリキを込めて締め上げる。電気ドリルが悲鳴を上げるまで容赦なく締めよう。

11 カー杯締め上げたら、木ネジの頭は必ず側板に沈み込むはずだ。

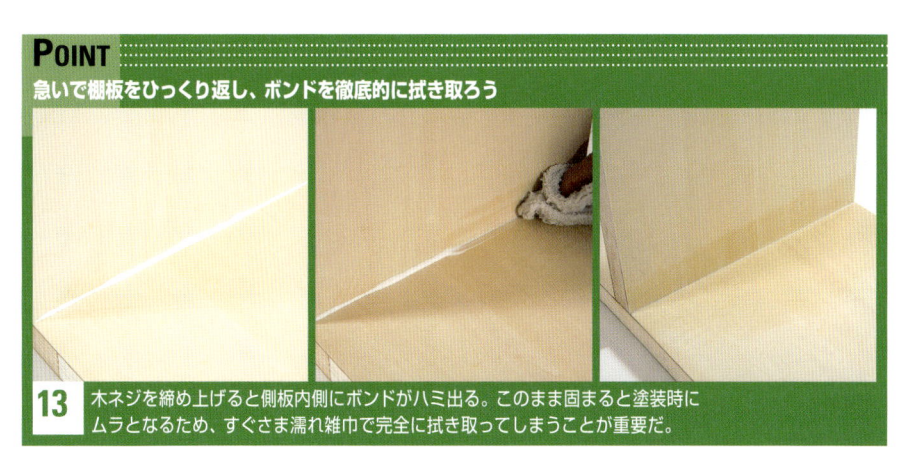

12 側板に沈み込んだ木ネジの頭。深さはおおよそ3〜4ミリ程度、といったところか？

POINT
急いで棚板をひっくり返し、ボンドを徹底的に拭き取ろう

13 木ネジを締め上げると側板内側にボンドがハミ出る。このまま固まると塗装時にムラとなるため、すぐさま濡れ雑巾で完全に拭き取ってしまうことが重要だ。

5-2 ボンドの量

　清く正しい本棚の組み立て作業において木工ボンドの量は大変重要だ。と言うのも本棚の強度は、実はほとんど木工ボンドの接着力によってのみ得られるからである。長くて太い木ネジの力も、棚板を引っ張る方向にしか働かず、極論すれば完全に木工ボンドが乾くまでの「補助」でしかない。そういう訳で、我々は決して木工ボンドの量をケチってはならないのである。

CHECK
ボンドが切り口に吸い込まれてないか？

棚板の切り口を顕微鏡で覗くと、非常に細かい穴が無数にあいているのが見えるはず。棚板の切り口は生きた植物繊維の束であり、そこにボンドを塗っても吸い取られてしまうのだ。塗り込むボンドの量が不充分な場合、棚板と側板が接する面にボンドの成分が行き渡らず、強力な接着力を得ることはできなくなる。木工ボンドを塗る時、切り口に吸い込まれていないか充分にチェックしよう。

1 木工ボンドの量をケチってはならない。最初はちょっと多過ぎるかな？という感じでも良い。

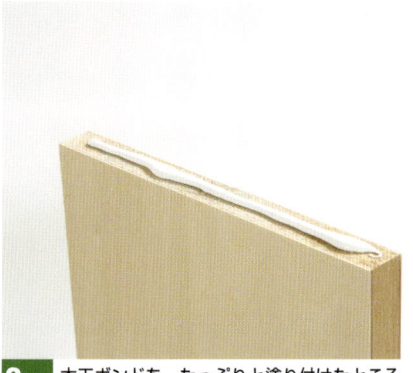

2 木工ボンドを、たっぷりと塗り付けたところ。このあと、木工ボンドを指で伸ばしていく。

3 丁寧に、まんべんなく伸ばしていくこと。指がボンドで汚れる…なぁんて泣き言はタブーだ。

POINT
ボンドはまんべんなく塗り広げる

4 最後はこんな感じになればOKだ。次回からは棚板の固定でハミ出た量を勘案して加減する。

5-3 2枚目の棚板の取付

　一番最初の棚板（天板部分）の取り付けが終わったら、今度は逆に本棚の底板部分の棚板を取り付ける。この部分にはあとからハカマ材を取り付けるから、棚板の位置は側板の端からハカマの幅にピッタリと一致させる必要がある。必ず本物のハカマ材をあてがい、棚板位置を慎重に調整しよう。飛び出たハカマは致命的なので、狂うならむしろ「引っ込む」方向が良いだろう。

1 2枚目に取り付ける棚板は、本棚の底板部分の棚板にすると良い。ハカマの位置に留意する。

2 必ず本物のハカマ材をあてがい、棚板位置を調整しよう。位置決めが済めば木ネジを軽く叩き込んで仮止めする。

3 仮止めした木ネジを電気ドリルで締め上げる。最後に棚板がズレやすいので注意しよう。

4 当然ながら、ここでも木工ボンドの拭き取りが待っている。雑巾で洗い流すよう徹底的に拭き取ろう。木工ボンドはこの段階でしか、除去することはできない。

5-4 次々と棚板を取り付ける

　天板部分と底板部分の棚板を固定すると全体が「コの字型」になる。我々の本棚は床の上に安定するようになるから、あとは次々と残りの棚板を取り付けていく。木工ボンドを塗った棚板を側板の下から所定の位置に滑り込ませ、側板の縁に記した印にピッタリと合わせる。木ネジの頭を叩いて仮止めし、位置が決まったら電気ドリルで締め上げる…。作業はこの繰り返しだ。

1 側板をちょっと持ち上げ、こんな具合に棚板を下から所定の位置に滑り込ませると良い。

2 側板の縁に記した棚板位置に、棚板をピッタリ合わせることが大切だ。軽く木ネジを叩き込み「仮止め」する。

3 棚板の位置は、必ず側板の「左右両方」で確認しよう。片方だけズレると棚板がねじれる。

4 仮止めが済んだら、電気ドリルで木ネジを締め上げる。この作業を棚板の枚数だけ繰り返す。

第7章 実践編

5 棚板を差し込んで2ヵ所の下穴から木ネジを差し込む。

6 差し込んだ木ネジを金づちで叩いて棚板位置を決める。

7 仮留めした木ネジを、電気ドリルで締め込む。

8 当然ながら、棚板を1枚固定する度に木工ボンドの拭き取りを完全に行なう必要がある。

9 こうして作業を続けると、やがて我々の本棚はこんな姿になるはず。すべての棚板が片方だけ固定された。

145

5-5 もう1枚の側板の取付

　ようやく「半分だけ」棚板の取り付けが完了した。次は「くし形」になった本棚をひっくり返して、もう一枚の側板を上から取り付けることになる。ここではすべての棚板の位置決めとネジ止めを一度に行なう必要があるため、手際の良さが要求されるところだ。慌てず急いで正確に、すべての作業を手際よく進めていかねばならない。最後にボンドの拭き取りも忘れずに！

1 この辺になれば、もう木工ボンドの量に迷いはないだろう。完全に「適量」を把握したはず。

2 木工ボンドを、すべての棚板に手早く塗っていく。次に指で丁寧にボンドを伸ばしていくのもこれまでと同様だ。

3 位置ズレせぬよう慎重に、上から側板をそっと載せてみる。棚板の位置が合わない部分も出てくるが、この段階で慌てる必要はない。すぐ次の仮止め作業に移ろう。

4 底板部分の棚板は、こちら側でも再びハカマ材との正確な位置合わせが必要だ。

5 棚板が少しズレているようなら、金づちで軽く叩いて位置の修正を行なう。

6 場合によっては、棚板そのものを反対方向から叩いて調整する必要があるかも知れない。

7 こうして棚板の位置が正確に決まれば、底板を仮止めする木ネジを叩き込むことができる。

8 引き続き、別のネジ穴にも木ネジを差し込んで仮止めしていく。

9 この時、棚板の「ねじれ」を防ぐため、棚板の仮止め位置は片方ずつ正確に調整していこう。

もう1枚の側板の取付

10 棚板の1枚ごとに、完璧に位置ズレを調整していく。すべての棚板が水平を保つか否かは、この微調整で決まる。

11 くどいようだが、ハカマ部分の棚板の位置合わせは、電気ドリルで木ネジを締め上げる時にも必要だ。

12 一度締め上げたらハカマ材をあて、再び締めてまたハカマ材をあてる。最後まで気を抜くな。

13 あとで実際にハカマ材が固定される本棚前面で最後の微調整。締め上げ時のズレに要注意。

14 あとは、残りの棚板を順番に1枚ずつネジ止めしていけば良い。木ネジを丁寧に締め上げる。

15 木工ボンドが乾き始める前に、すべてのネジを締め上げよう。慌てず、急いで、正確に…。

16 こうして順番にすべての木ネジを締め上げたら、急いで本棚を逆にひっくり返す。木工ボンドの拭き取りである。

17 木工ボンドの拭き取りは、棚板枚数×2ヵ所を一気に片付けなくてはならない。

18 雑巾にタップリ水を含ませ、一番端から順番に手早く充分に拭き取っていこう。

5-6 上段部の組立

　続いて、本棚の上段部の組み立てに着手する。とは言うものの上段部の組み立てはこれまで進めてきた本体部分の作業と何ら変わるものではない。むしろ全体の重量が圧倒的に軽いから、本体部分よりもラクに進められるはずである。本棚作りの初心者ならば、本体の組み立てを行なう前にこの上段部の組み立てで「腕試し」をするのが良いかも知れない。

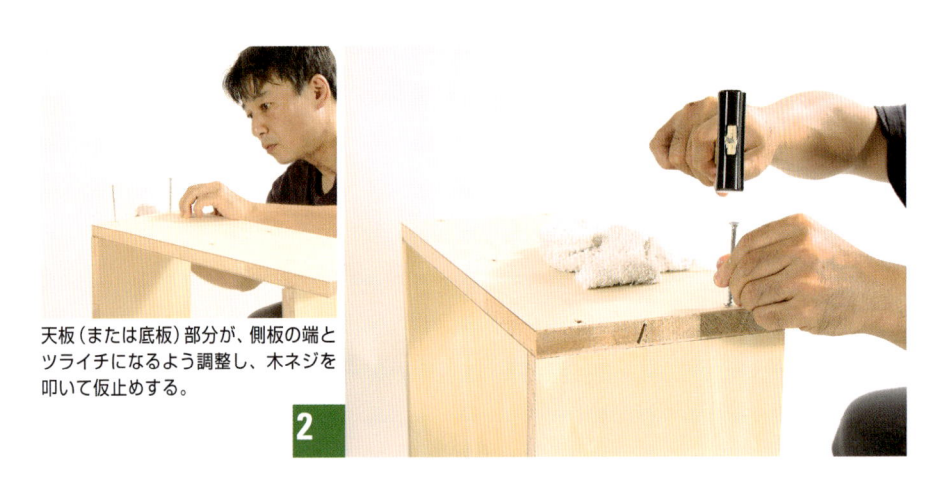

1 作業は1枚目の棚板を側板に取り付けるところから始める。本体部分とまったく同じ手順だ。

2 天板（または底板）部分が、側板の端とツライチになるよう調整し、木ネジを叩いて仮止めする。

3 電気ドリルで木ネジを締め上げて1枚目の棚板を固定。次に反対側にも棚板を固定。最後に真ん中の棚板を下から滑り込ませて様子を見る。慣れた人なら作業も早い。

第 7 章
実践編

4 真ん中の棚板を木ネジで仮止めしている。もう少しで、片方の側板側の作業は完了だ。

5 木工ボンドの拭き取り。面倒でも1枚の棚板を固定する毎に、その都度拭き取るべきである。

片方の側板にすべての棚板が固定できた。ひっくり返してしばらく休憩でもしよう。

6

7 続いて、もう1枚の側板を上から載せて固定する。3枚の棚板に木工ボンドを塗って伸ばす。手にした金づちは、木ネジの仮止め用。

上段部の組立

8 側板の穴に木ネジを差し込んで、金づちで軽く叩いて仮止め。

9 仮止めは、天板→底板→真ん中の棚板の順番で行なうと良い。

10 最後に、電気ドリルで木ネジを端から固定していく。本体に接する底板は、特にズレに注意。

木工ボンドの拭き取りも済み組み立てが完了した上段部。シンプルだが美しい仕上がりだと思う。本棚の組立作業も残るはハカマ材の取付のみ。

11

5-7 ハカマの取付

　清く正しい本棚の組み立て作業の最後を飾るのはハカマ材の取付だ。木工ボンドを塗ったハカマ材を本体下部から叩き込んで釘で固定する。長さは木取り図の段階から棚板と完全に一致しているし、本体の組み立て作業ではあれほど慎重に位置合わせをしたのであるから、ピッタリとハマるはずである。ここでは普通の釘と隠し釘による2種類の固定方法をご紹介しよう。

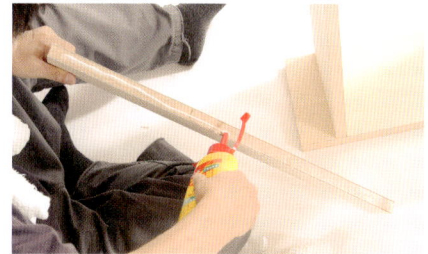

1 ハカマ材が本棚の棚板（底板）裏と接する部分に木工ボンドを塗り付ける。量は少なめで良い。

POINT
ハカマ材は、下からまっすぐ差し込む

2 ハカマ材は、本棚の底からまっすぐに差し込む。金づちで上下均等に叩くのがコツ。

3 少し固いかも知れないが、ハカマ材は必ず入るはずである。入らない時は「斜め」を疑おう。

ハカマの取付

4 下側からの差し込みが終わったところ。続いて前後方向の微調整に移る。

5 ハカマは本棚前面から6〜7ミリ程度ひっこむような感じで取り付けるとカッコ良い。

6 上手に位置を決めたら、釘を側板方向から2本打ち込む。反対側の側板にも釘を打ち込むことは言うまでもない。

第 7 章　実践編

7 側板下部の釘は普通の釘なので、釘〆を使って釘の頭を沈ませると良い。

8 釘〆は、上から金づちで叩いて使う。釘の頭が3ミリ程度沈めば良い。

9 本棚完成後、ハカマは前面から奥さんの掃除機などで苛酷な扱いを受ける。確実に固定する。

10 念のため、本棚の棚板側からも隠し釘を打っておく。これは「浮き上がり」を防ぐためだ。

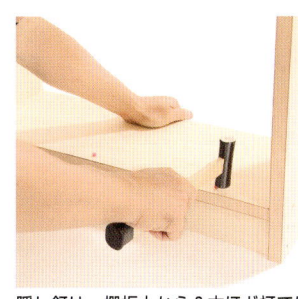

隠し釘は、棚板上から3本ほど打てば強度的には充分だろう。位置は目分量でも構わない。ボンドの乾燥を待つ。

11

12 すべての組み立て作業が完了した、清く正しい本棚。木工ボンドが完全に乾くまでこのまま静かに放置しよう。次はいよいよ、塗装工程に突入する。

6-1 パテを盛る

　いよいよ塗装工程に着手する。下地処理として「パテ盛り」から始めよう。本棚の表面には木ネジを締め上げた穴や釘締め痕あるいは材料本来の集成材のすき間など、無数の凹みがあるはずだ。これらすべての凹みに木工パテを盛り付けて、穴を塞いでいかねばならない。この作業は本棚の組立直後、木工ボンドの乾燥を待つ時間に並行して実施することができる。

1 本棚の側板には無数の木ネジの穴がある。穴の周りには、バリを欠き取った痕も。

2 木工パテのチューブを絞ってこの穴を埋めていく。穴の中にも木工パテを充填するのがコツである。表面だけに盛り付けてはならない。

3 木工パテは、覚悟して指先で盛り付ける。指が汚れる…なぁんて泣き言はここでもタブーだ。

4 盛り付けが終わったところ。少々盛り付け過ぎかも知れない。すべての穴をこうして塞ぐ。

パテを盛る

5 こちらは集成材のすき間。不幸にも本棚の前面にこのすき間がきた時は必ずパテで塞いでおきたい。

6 ネジ穴の時と同じようにチューブを絞って木工パテを盛り付ける。内部まで充填するのがポイント。

7 さっきは指で盛り付けたが、今度は付属のヘラを使用してみる。完全に撮影用の芝居だと思って欲しい。

8 ヘラで盛り付けが終わったところ。この時、すき間の筋が見えていたらアウトだ。パテを充分盛り付ける。

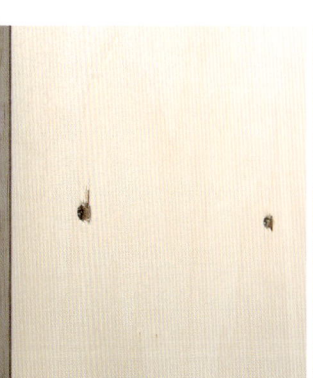

9 やっぱり人間の「指先」にかなう道具はないようだ。繰り返すが、木工パテはまず穴やすき間の内部に充填される必要がある。乾燥後の「肉痩せ」を防ぐためだ。

第 7 章 実践編

10 ハカマを固定した隠し釘の頭。金づちをそっと近づけ、横から「コツン」と軽く弾く。

11 プラキャップが弾かれて、隠し釘の頭の部分がポキンと折れる。跡に残るのは小さな穴だけ。

12 この穴も木工パテで埋める。内部に充填させるのは、なかなか難しい。

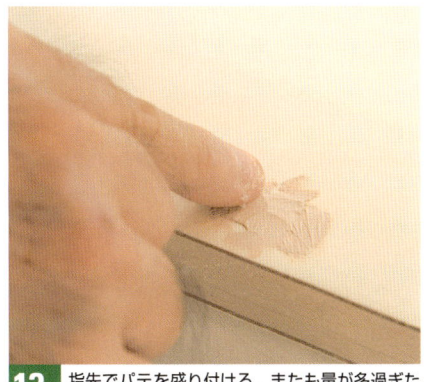

13 指先でパテを盛り付ける。またも量が多過ぎたかも知れぬ。少ないよりまし、ということで。

14 ドリルを滑らせてしまった傷などがあれば、そこにもパテ盛りしよう。こうして、片っ端からパテを盛る。盛り忘れには充分注意すべき。

15 パテ盛りが済めばそのまま最低でも一昼夜放置する。パテが完全に乾くのを待つためだ。翌日塗装するなら前日までに作業を終えておくこと。

6-2 ヤスリがけ

木工パテが完全に乾いたら、紙ヤスリで削って材料表面の下地処理を行なう。このヤスリがけ作業は大変な作業だ。全工程の中でも一二を争う苦しい場面だが、しかし実はこのヤスリがけによる下地処理如何で後続の塗装処理の美しさが決まってしまうから、ヤスリがけでは決して手を抜くことなど許されないのである。決して焦らずに丁寧に丁寧に、心を込めて磨き上げよう。

POINT
紙ヤスリは必ず巻き付けて使う

1 紙ヤスリは、必ず平らな木片に巻き付けて使う。ハカマ材の余りを有効活用しよう。

2 側板の木ネジ穴を削っているところ。120番の紙ヤスリを上から押し付け、表面がツライチになるまで一気に削る。みるみるパテが飛び散る。容赦なく削り取ること。

3 やっと削り終わったところ。表面がツライチでネジ穴とバリ部分だけにパテが残る点に注目。

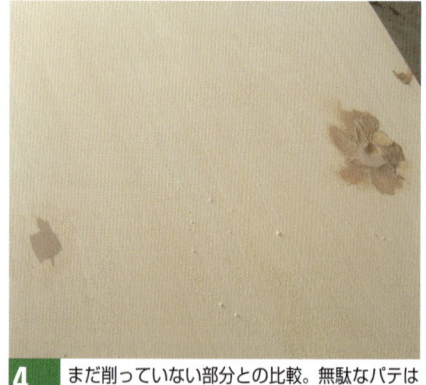

4 まだ削っていない部分との比較。無駄なパテはすべて完全に削り取らねばならない。

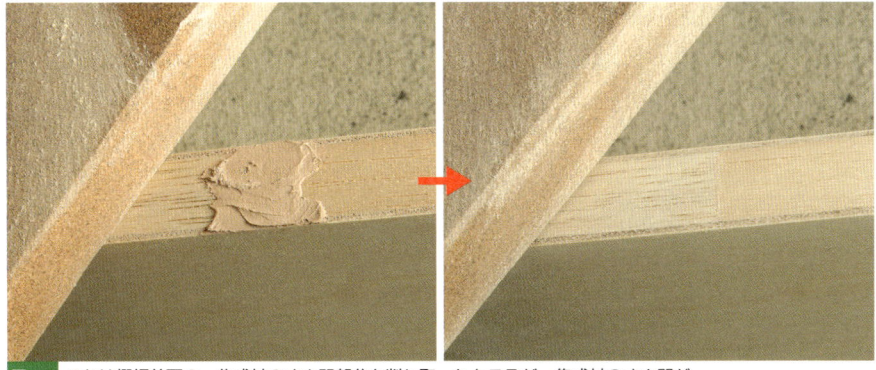

5 これは棚板前面の、集成材のすき間部分を削り取ったところだ。集成材のすき間が綺麗に埋められたことがわかるだろう。

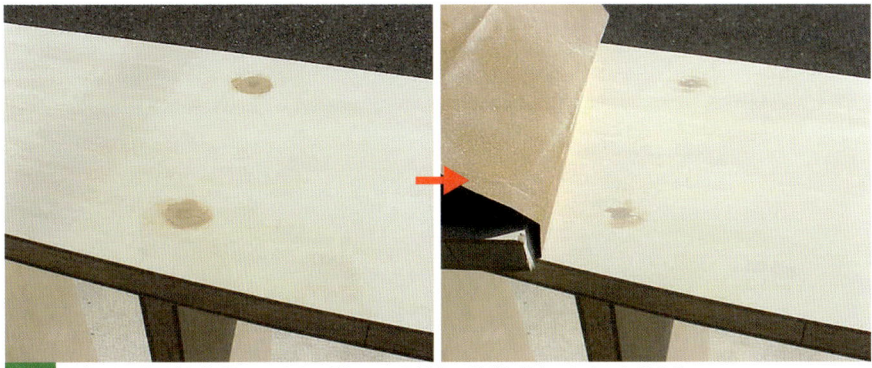

6 不幸にもパテが肉痩せしていたり、削っている途中で剥がれ落ちてしまった場合は面倒でもその部分に再びパテを盛り付け、乾燥後に作業をリトライすべきだろう。

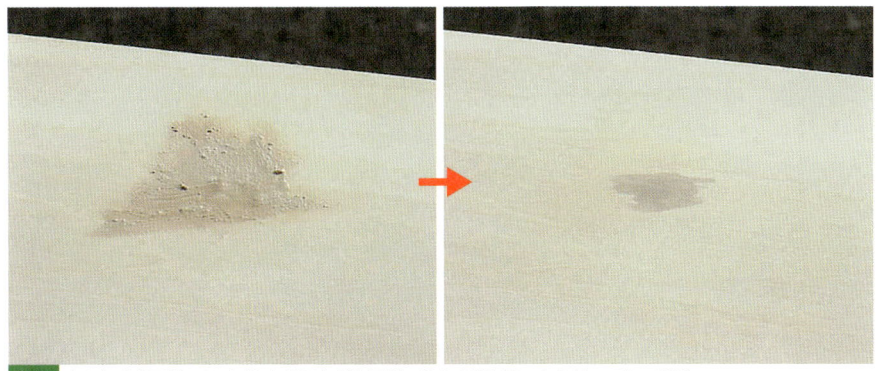

7 とにかく表面がツライチになることが肝要だ。うまく削り取ったと思っても、実際には周りにパテが残ることが多い。パテを残すのは、穴とバリの部分だけである。

ヤスリがけ

POINT
次に、材料の「面」を取る

8 紙ヤスリを45度に傾け、材料の角部分を削っていく。これが「面取り」作業だ。

9 板材の角の辺は意外に多い。削り漏れに注意。削った角面が1ミリ程度の幅になれば良い。

10 棚板の前面は、特に入念に面を取る。木片に巻き付けた紙ヤスリをキッチリ押し付け、角の部分まで丁寧に削る。

11 材料が多少汚れていても気にする必要はない。240番の紙ヤスリで磨けば、ご覧の通り綺麗になる。側板と棚板の微妙な段も、その気になれば充分平らに誤魔化せる。

第7章 実践編

POINT
ケガキ線は消しゴムで消しておこう

以前に描き込んでいたケガキ線や目印などは、面倒だが消しゴムで消そう。紙ヤスリで削れなくもないが、鉛筆の粉が繊維の中に入り込んでしまうと意外に消しにくくなるからだ。

12

ヤスリがけに焦りは禁物だ。丁寧に丁寧に、本棚の全体を磨いていく。この苦労は必ずあとで報われるはずである。棚板に本の背表紙がボンヤリ映り込むのも夢じゃない。

13

14

この辛い作業が終われば、次はいよいよペンキを塗ることができる。右は美しく下地処理が完了した本棚。

7-1 下塗りと塗装の順序

いよいよ待望の塗装作業に入る。まずは下塗りから始めよう。薄く溶いたペンキを本棚全体に行き渡らせるよう塗れば良い。最初に塗るのは、本棚の裏側部分だ。塗る面を必ず水平に保ち、多少のムラはあまり気にせず一気に塗っていけば良い。ペンキにはもともと表面張力が働くから、塗った面を色々弄るのはかえって宜しくないのである。下塗りは気楽な気分で進めよう。

CHECK

塗装方法に「正解」はない

本編でも述べたが、塗装方法に唯一絶対の正解はない。塗装する対象、塗装する日の天候、塗装の場所、乾燥時間を含めた置き場所の確保など、状況に応じて臨機応変に対応しよう。本棚の塗装では、下塗り1回上塗り2～3回程度を目安にすれば良いと思う。とにかく一度に濃く塗ろうとはせず薄く溶いたペンキを何度も塗り重ねていくのがコツである。どうか思う存分、塗装を楽しんでいただきたい。

POINT
ハケは紙ヤスリでこすっておく

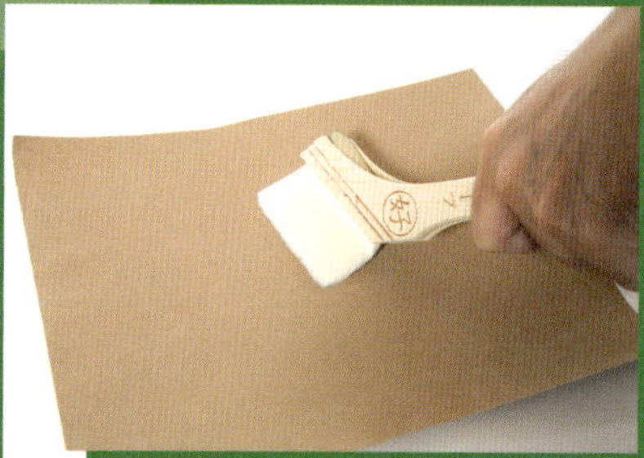

1 ハケ毛を紙ヤスリにこすり付けて、最初に余分な抜け毛を落としておくと良い。

2 いよいよペンキ塗りの始まりだ。ペンキ缶から洗面器に、トロリとペンキを流し込む。

3 続いてペンキに水を注ぐ。下塗りではペンキは必ず水で薄めてから塗るようにしよう。

4 およそ2倍程度に薄めれば良い。ハケで静かにかきまぜて、水っぽくなればOKである。

第7章 実践編

POINT
最初に本棚をひっくり返しておこう

ペンキは本棚の裏側部分から塗り始める。逆さまに本棚を立てて、ハカマが上にくればOKだ。本棚の天板部分は、余り材で浮かせておくと良いだろう。

5

6 いよいよペンキを塗り始める。繰り返すが、今塗っているのは棚板の裏側部分である。

7 上から順番に、棚板の裏側を塗り進める。塗りムラは気にする必要がない。どんどん塗ろう。

下塗りと塗装の順序

8 ハカマを塗る。ここは少し入り組んでいるから、隅の方まで丁寧に塗る。

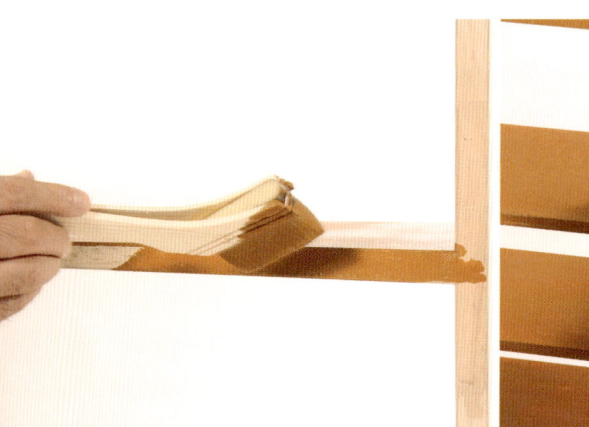

9 側板と棚板の木口にもペンキを塗っていく。ここではペンキが垂れやすいため、少しだけ本棚を傾けて塗っても良い。繰り返すが塗りムラはあまり気にする必要はない。

10 本棚本体の裏側部分を塗り終えたら、引き続き本棚上段部にも下塗りを行なう。本棚上段部には裏も表もないから、どちらか好きな一方を「表側」と見立てれば良い。

第7章 実践編

11 続いて側板の下塗りに移る。塗る面を水平に、本棚を横に寝せてから塗る。

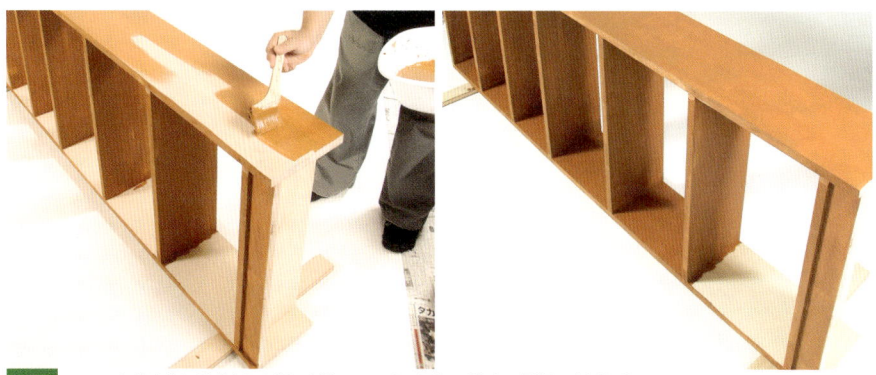

12 ここでも基本的には「上から順に」塗っていく。最初に片方の側板の表側を塗ったら次は下に見えるもう一方の側板の内側を塗れば良い。塗面にペンキが垂れず安心だ。

13 すべての側板の内側を塗り終わったら少し乾かしたあと本棚をひっくり返し今度は反対側の側板を塗ると良い。

下塗りと塗装の順序

14 本棚をひっくり返して、今度は表側になる面を上から順に塗る。天板上面も忘れずに塗ろう。

15 上から順に塗っていけば、一度塗った塗装面にペンキが飛び散る心配を少なくできる。

16 本棚の下塗りが終わったら、乾燥時間を利用し裏板を塗る。まずは紙ヤスリを用意して…。

17 裏板は切り口部分に「ささくれ」が出やすい。紙ヤスリを立てて、しっかりと磨き上げる。

18 切り口を磨いたら、次は裏板の全面を雑巾がけするような感じで磨き上げていく。結構大変。

第7章 実践編

19 裏板は片面だけ塗装する。さっき紙ヤスリで雑巾がけした面に、腕を大きく動かしてペンキを塗り伸ばす。本を入れると見えなくなるから、塗りムラなどは気にしない。

POINT
裏板塗装は「切り口」の方が大切

裏板は切り口部分に塗り忘れが発生せぬよう、充分注意すべき。ハケを立て、ハケ毛で裏板の切り口にペンキをこすり付けるような感じで塗ると良い。

20

7-2 ステインの下塗り

　これまでは、不透明塗料としてペンキを塗る方法をお伝えしてきたが、このページでは「透明ステイン」を塗る様子をご紹介してみたい。基本的にはペンキを塗るのと大差はないが、透明ステインは木目が残るのが大きな特徴だ。薄く溶いたステインで下塗りするのもペンキと同様だが、ムラがやや目立つので、できるだけ下塗りの段階から綺麗に塗ることを心掛けた方が良い。

1 上段部のステイン塗装の様子。まず棚板木口部分から塗り始めてみた。ハケでステインを染み込ませるよう塗っていく。

2 ペンキ同様、塗る面を水平にして、上から順に塗る。塗りムラにやや気を付け、丁寧に塗る。

3 ステインは垂れると修正がやや厄介だ。ハケは丁寧に端で止め、垂れの発生を極力防ごう。

4 隅の方も、ステイン塗りの難しいところ。必要以上に溜まったステインはハケで吸い取ろう。

5 本棚を回転させて塗面を水平に保ちながら塗る。このセオリーはペンキとなんら変わりはない。

第7章 実践編

7-3 下塗りの完了

　ようやく下塗りが完了した。乾燥時間を充分に取り、次の上塗り作業に備えよう。ここでは、下塗りが乾いた時点のペンキと透明ステインの様子を、並べてご紹介しておきたい。下地が透けて見えるか否か？ の違いは、材料の美しい木目を残したい時に重大な関心だろう。ただし下地が透けると必然的にパテ跡も目立つ。どちらが良いかあなたのお好みで決めていただきたい。

CHECK
どちらがお好み？　ペンキとステイン

ペンキとステインの下塗り面を並べたところ。木目とパテ跡の、残り具合の違いにご注目。

1 不透明塗料のペンキによる下塗り。琥珀色。ペンキだと、パテの跡はあまり目立たない。

2 透明ステインによる下塗り。色はスプルース。ステインの方は、パテの跡が透けて見える。

8-1 ヤスリがけと上塗り

　下塗りが終わって乾燥が進むと、本棚の表面が毛羽立ってくるはずだ。紙ヤスリで軽く磨いてこの毛羽立ちを落ち着かせたら引き続いて上塗り作業に入る。薄く溶いたペンキを塗り重ね、乾けば再び毛羽立ちを軽く磨き、その上からペンキを塗り重ねて何度かこの作業全体を繰り返す。上塗りは2〜3回程度を目安に、ここでも焦らずに薄く溶いたペンキを塗り重ねていこう。

1 木片に巻き付けた紙ヤスリで、毛羽立ちを落ち着かせる。驚くほど、滑らかな手触りになる。

2 使用する紙ヤスリは240番。磨いた時に出てくる削りカスは、雑巾などで丁寧に拭き取ろう。

3 このヤスリがけでは、抜け落ちたハケ毛やムラになって溜まったダマも落とすことができる。ペンキも多少はげ落ちるが、上塗りするからあまり気にする必要はない。

第7章 実践編

4 上塗りの様子。最初は塗りムラや傷があった下塗り面だが、上塗りにより綺麗に修正されていくのがわかるだろう。

5 上塗りを塗り重ねた時の様子。手前と向こう側を見比べて欲しい。すべての棚板を、順番に上塗りしていこう。

6 何度か上塗りを繰り返すと、色に深みが出てくるはずだ。乾いたら毛羽立ちを押さえ、再びペンキを薄く塗り重ねる。とにかく薄めたペンキを焦らずに塗り重ねていくことが大切だ。棚板など、目立つ部分を中心に、上塗りを2〜3回程度は繰り返すのが良いだろう。

8-2 ステインの上塗り

　透明ステインによる上塗り作業の様子もご紹介しておこう。ステインも、上塗りを繰り返すと次第に色に深みが出てくる。ただし、上塗りでも塗りムラの修正は若干難しいため、ダマなどできないよう慎重に塗り進めると良い。多少の塗りムラは本棚完成後には気にならないものだが、塗装中には気になるところだろう。決して焦らず丁寧に薄目の上塗りを繰り返そう。

1 透明ステインによる上塗りの様子。上の棚から順番に、ステインを塗り重ねていこう。

2 上塗りすると、ステインの色にも深みが増してくる。隅の方はダマが溜まりやすいので注意。

3 下の棚板の色と比べてみて欲しい。綺麗に色に深みが出ているところがわかるはずだ。

CHECK

ハケのお手入れは入念に！

上塗りが終われば、もうハケを使う機会はなくなる。丁寧に水洗いしてハケのお手入れをしよう。風呂場で水を流しながら、ハケ毛に含まれた塗料を徹底的に洗い流し、風通しの良い所で静かに乾燥させれば良い。入念にお手入れしたハケは、次回の塗装時でも充分に再利用することができる。私は、10年以上昔に購入したハケを今も大事に使っている。

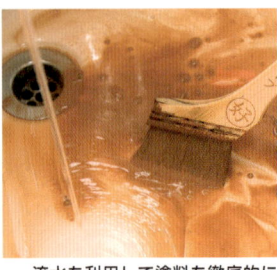

流水を利用して塗料を徹底的に洗い流してしまおう。

塗料が溜まるのはハケ毛の根元部分だ。指で塗料を掻き出す。

9 水研ぎと仕上げ塗り

塗装工程もいよいよ最終段階だ。何度か上塗りを繰り返した面に、耐水ペーパーで水研ぎを行なう。この水研ぎ作業によって我々の本棚は非常に滑らかな手触りを持つようになる。最後に行なう仕上げ塗りではもうハケは使わない。薄く溶いたペンキを雑巾に含ませ、本棚の表面を濡らすように塗っていく。あなたの本棚の棚板に、本の背表紙がボンヤリと映る姿を想像しよう。

1 上塗りが完全に乾いたら、バケツの水を片手ですくって、棚板の上にかけていこう。

POINT
水研ぎは、優しくソフトに

2 耐水ペーパーは2000番。力を入れて磨く必要はない。優しくソフトに撫でるように。

3 ある「瞬間」から俄然動きが滑らかになるはずだ。ヌルヌルした研ぎカスが出るが、構わずに撫で続ければ良い。

水研ぎと仕上げ塗り

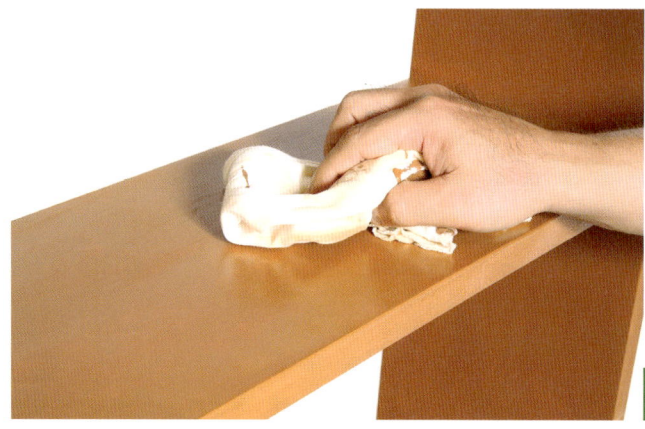

4 水研ぎの研ぎカスは、雑巾を使って丁寧に取り除く。この時、塗装面が白く曇ることもあるが気にする必要はない。このあと仕上げ塗りをすれば滑らかな手触りはそのままで美しい塗装面が蘇るはず。

5 薄く薄く溶いたペンキを雑巾に含ませ、本棚表面を濡らすように塗っていく。この作業が「仕上げ塗り」だ。

6 仕上げ塗りを行なうと、本棚の表面に滑らかな塗装面が広がっていく。棚板の表部分を中心に仕上げると良い。

第 7 章 実践編

7 上の棚板から順番に仕上げていく。これまでの苦労が報われるような気がするはずだ。

8 上段部の側板部分は、横に寝かせて仕上げた。ペンキを含ませた雑巾を丸く撫で付ける感じ。

9 本体側板を仕上げているところ。薄いペンキは塗った先から乾いていくような感じになる。

10 仕上げ塗りを終えた直後の様子。これが乾けば本の背表紙がボンヤリ映り込むレベルになる。

10 裏板の貼り付け

　すべての塗装工程が完了したら、充分に乾燥させたあと、最後に残った裏板の貼り付け作業を行なう。念のため新聞紙で養生した床に本棚を俯せにして寝かせ、上から裏板をかぶせてみる。棚板の位置をケガキしたら、木工ボンドを塗って上から裏板をズレないよう載せる。釘で裏板を固定して最後にハミ出た木工ボンドを拭き取れば、ついに我々の清く正しい本棚の完成だ。

1 本棚が充分に乾いたことを確認したのち、床を新聞紙で養生して、本棚を俯せに寝かせる。

2 まず最初に棚板の位置を確認する。本棚の上に裏板を載せ、上下方向にズレないよう注意しながら、棚板が少しだけ覗くまで位置をズラす。

3 棚板の真ん中あたりの位置を、裏板の裏側にシャープペンシルで写し取っていく。だいたいの目分量でも良い。

第7章 実践編

この作業を裏板の片方に施したら、次は裏板を反対側に少しだけ移動させ、そこに覗いた棚板の位置を再び裏板の反対側に写し取る。

4

あとは裏板両端の印を直線で結べば良い。余り材の定規をあてて、シャープペンシルで一気にケガキ線を引く。棚板位置が正確にケガキできた。

5

本棚背面の棚板と側板木口に、木工ボンドを塗り付ける。量は若干少なめでも良い。細い糸を引く程度の分量をすべての木口に塗っていく。

6

裏板の貼り付け

7 裏板は、できれば2人がかりで貼るのが良いだろう。1人が裏板の片方の端を天板の端に合わせ、そこを軸にして、もう1人が裏板を上から被せるように載せていく。

8 裏板がキチンと本棚の上に載ったら、端から順番に釘を打っていく。まずは天板側の一辺を釘で固定し、そのあとハカマに向かって1段ずつ釘を打てば良いだろう。

釘は、ケガキ線に沿って真上から打ち込むこと。棚板1段あたり4本くらい打てば、強度的にも充分だろう。

9

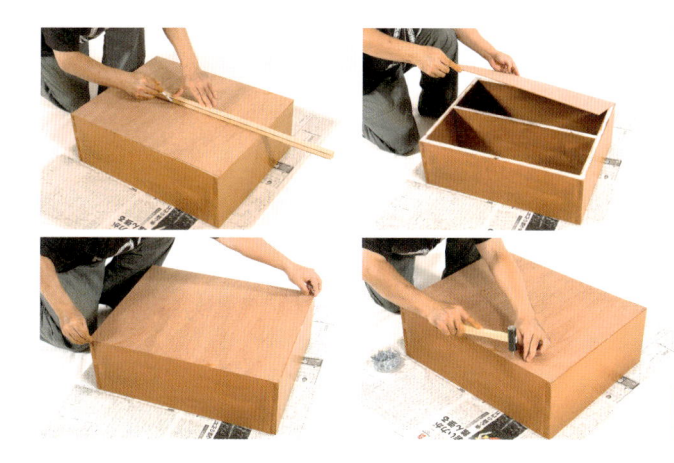

POINT
本棚内部にハミ出たボンドを拭き取る

釘を打って裏板を貼り付けると、本棚内部に木工ボンドがハミ出てしまう。最後の仕事だと思って、これも丁寧に雑巾で拭き取ってしまおう。

10

本棚上段部の裏板貼り付けの様子。手順はまったく同じと思って良いが、上段部裏板は小さくて軽いので、釘で固定する時にズレやすい。充分に注意して、釘打ちされたし。

11

11 本棚の完成

　ついに清く正しい本棚が完成した。今回製作した本棚3本を、ここに並べてご紹介してみよう。まず奥行210ミリの本棚は棚の数が全8段のスタンダードタイプだ。奥行145ミリの薄型タイプは、棚の数が全9段と全10段の2種類だ。どの本棚もシンプルな外観ながら、市販品の本棚とは明らかに違う、どっしりとした風格さえも感じさせてくれるだろう。

奥行210ミリのスタンダードタイプ。これは上下を分割した状態。下部本体は棚数6段で1820ミリ。上段部は棚数2段で、今回は500ミリ高とした。

上下を連結したスタンダードタイプ。全高2320ミリ。下3段にはA4が収納可能。残る5段は、すべての棚にA5判までの書籍を収納できる。

第 7 章 実践編

上下を連結した状態の、薄型タイプの2本。上段部を含めた棚数は全9段と全10段、各々にはＡ5判とＢ6判が収納可能。全高は両方2270ミリ。

これは奥行145ミリの薄型タイプの上下を分割した状態。下部本体は棚数7段と8段で1820ミリ。上段部は両方とも共通サイズで450ミリ。

本棚の完成

スタンダードタイプの棚板の様子。A4雑誌用2段は棚高305ミリで、最近の大型雑誌までキチンと収納可能。また、本体最下段は325ミリとしている。

本体の残り3段は、A5判対応の225ミリ。今回は上段部の高さを500ミリ高としたため、1段当たり218.5ミリが確保できた。A5判まで収納可能。

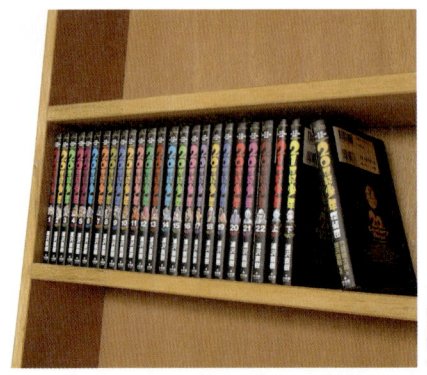

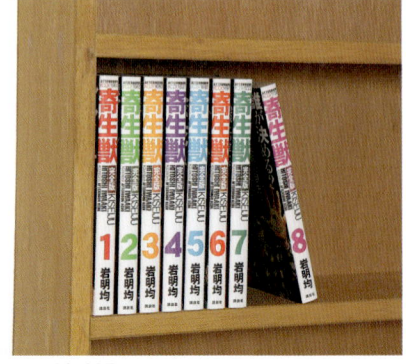

薄型タイプ2本の、各々の棚板の様子。本体棚高は、各々196ミリと227ミリ。B6判とA5判が収納可能。上段部の棚高は193.5ミリ、B6判まで収納可能。

第8章

資料編

主な本の判型

判型	寸法(mm)	種類
A6判	148 × 105	文庫
新書判	182 × 103	新書
B6判	182 × 128	コミック、一般書、文芸書
四六判	188 × 128	一般書、文芸書
A5判	210 × 148	ビジネス書、専門書、文芸誌、学術書
B5判	257 × 182	社史、写真集、辞典、地図
AB判(ワイド判)	210 × 257	雑誌
A4判	210 × 297	写真集、美術書、絵本、報告書
B4判	257 × 364	大きな写真集・美術書、画集

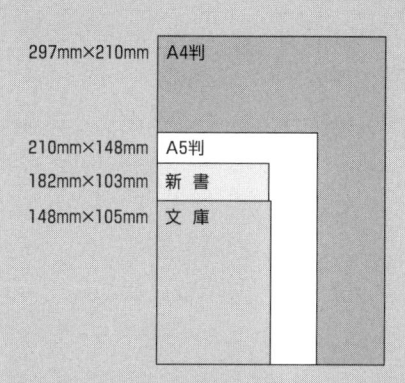

- 297mm×210mm　A4判
- 210mm×148mm　A5判
- 182mm×103mm　新書
- 148mm×105mm　文庫

本書最終章となるこの第8章は、清く正しい本棚の「資料編」だ。ここでは、Web版の本編では詳しく述べていない奥行き145ミリの薄型タイプのバリエーションについて考察したい。また、これらを含め実践編で使用した木取り図についても公開する。

第8章 資料編
1. 奥行き145ミリタイプのバリエーション

　本編では奥行き210ミリの本棚を作る手順を述べてきたが、第7章実践編では奥行き145ミリの「薄型タイプ」も同時に作成した。この薄型タイプについて、その木取りを含めた設計方法を述べてみよう。

全10段・コミック／新書専用タイプ
【収納量約420〜500冊】

　1段当たり棚高を196ミリとすると下部本体に8段取ることができ、全部で10段の薄型本棚を作ることができる。

　1段当たり収納量は、通常コミックで42冊、新書なら50冊は楽に入るから全10段で約420冊〜500冊程度を収納できるわけだ。

　実際、我が家ではこの10段タイプを書斎に向かう長い廊下に4本並べており学生時代から買い集めてきたコミックをすべて収納してなお若干の余裕がある。

　このタイプの本棚は、市販のDVDもギリギリ収納することができる。1段にDVDを約35枚収納可能だから、全体では約350枚が収納できるだろう。

　お勧めの1本である。

なお、ここに示す「薄型タイプ」は、説明の都合上、上段部の寸法が各々まちまちになっている。この作例にしたがって本棚を作る場合でも実際に製作する上段部の方はあなたのお部屋の天井高に合わせた「共通タイプ」にしておく方が賢明だと思う。なぜなら、その方が、あなたが将来増設していくであろう本棚をズラリと並べた時でも、本棚の全高を揃えることができるからである。

全9段・Ａ５単行本専用タイプ
【収納量約220～500冊】

こちらは1段当たり棚高を227ミリとした、全部で9段の薄型タイプだ。

おもに単行本などＢ６判の書物を収納することを意識しているが、この棚高であればＡ５判も入るので、左の全10段には収納できない大型コミックでも収納することができる。

1段当たり収納量は、普通の文芸書で約25冊程度、薄い本なら約50冊まで入るはず。全体で約220冊～500冊収納可能といったところだろうか？

私にとってこのタイプは、本書実践編で初めて採用した棚割り寸法だったが、以前から作ってきた全10段タイプと並べてまったく違和感のないデザインだった。

本書Ｐ９４の写真の一番手前が、この全9段の本棚である。

全14段・音楽CD専用タイプ
【収納量約840枚】

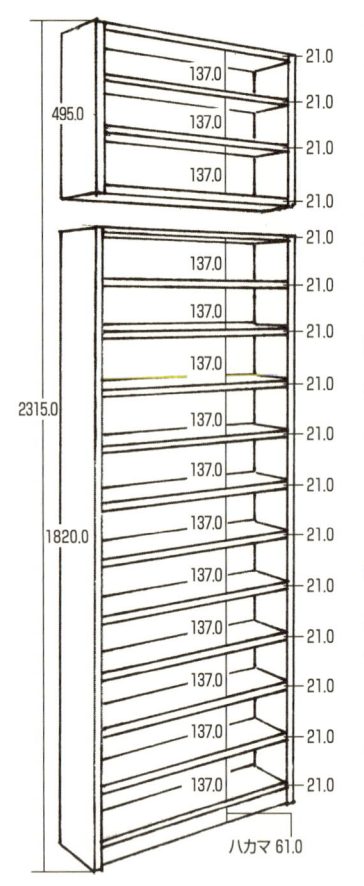

最後に「究極の」薄型タイプをご紹介しよう。なんと1段当たり棚高が137ミリの「音楽CD専用ラック」である。

普通のCDケースは厚さ1センチ程度だから、600ミリの幅にCD60枚が収納できる。しかもこのラックは上部を3段としてあり、下部11段と合わせて実に「全14段」という、とてつもない棚数を有するのだ。このラックの1本でCDが約840枚収納できる計算だ。

実際には、ほとんど天井に近い位置の棚からCDケースを取り出すことは現実的ではないかも知れぬ。その場合、本体下部(1820ミリ)だけを製作するのもひとつの方法だろう。その時の収納量はCD約660枚となる。

本作例のみ、ハカマ高は61ミリだ。

薄型タイプの「木取り図」に関する考察

実際にこれら薄型タイプの本棚を製作する時に、実は非常に頭の痛い問題がひとつだけ存在する。それは材料の「木取り」の問題だ。ご紹介した薄型タイプはいずれも総棚数が多いので、これを製作するためには600ミリ×145ミリの棚板がたくさん必要になる。材料にサブロク合板を使用する場合、実はこの寸法は非常に「効率」が悪いのだ。

第8章 資料編

　実際の木取り図でご説明しよう。下図のように、サブロク合板1枚のヨコの910ミリから、幅145ミリの帯材は「6枚」切り出すことができる。この帯材のタテ1820ミリを3等分すれば、我々が欲しい棚板は単純計算で6×3＝18の「18枚」取れることになる。

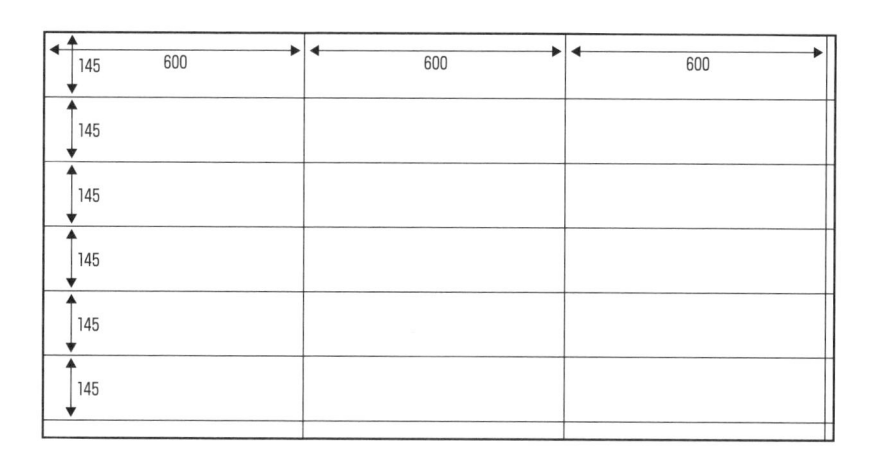

145	600	600	600
145			
145			
145			
145			
145			

　しかし本棚を作るためには棚板だけでは不足で、実際には側板が必要である。下図のように、1820ミリの側板を2枚切り出すことになるだろうし、さらに棚板2枚分は本棚上部の側板としても必要だ。

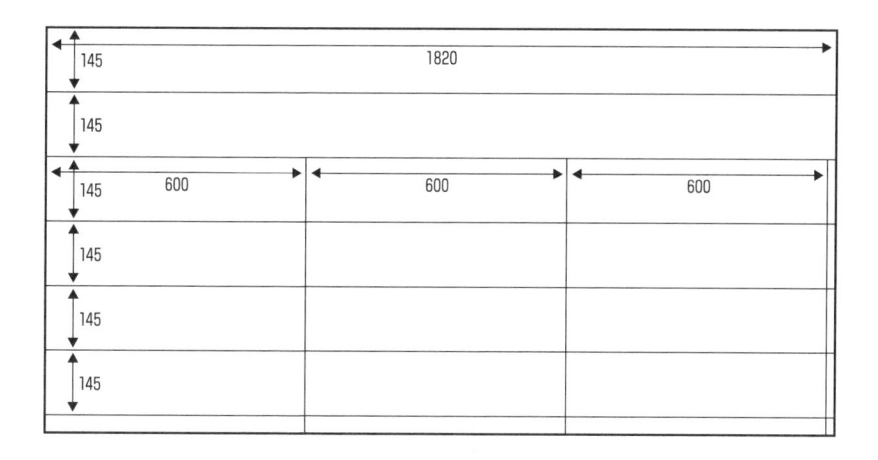

145	1820		
145			
145	600	600	600
145			
145			
145			

つまり、前ページの木取り図では、サブロク合板2枚から

　　　1820×145ミリの側板　　　2枚
　　　600×145ミリの側板　　　2枚（高さ600ミリまで可）
　　　600×145ミリの棚板　　　28枚

が、最大限切り出せるということになる。

各薄型タイプ1本毎の必要材料

　一方、先ほど紹介した各薄型タイプの本棚が、1本毎に必要な材料は下に示す通りである。

　　①　全10段・コミック／新書専用タイプ
　　　1820×145ミリの側板　　　2枚
　　　455×145ミリの側板　　　2枚
　　　600×145ミリの棚板　　　12枚

　　②　全9段・A5単行本専用タイプ
　　　1820×145ミリの側板　　　2枚
　　　517×145ミリの側板　　　2枚
　　　600×145ミリの棚板　　　11枚

　　③　全14段・音楽CD専用ラック
　　　1820×145ミリの側板　　　2枚
　　　495×145ミリの側板　　　2枚（本体のみの時、不要）
　　　600×145ミリの棚板　　　16枚（本体のみの時12枚）

こうして並べて比べてみると良くわかるが、奥行き145ミリの薄型タイプの本棚は、サブロク合板から材料を切り出す時の「効率」が大変悪いのである。どのタイプも、1本だけ作ろうと思えば木取りが非常に悩ましい。たとえ木取り図Bを2枚使用したとしても、どれもが「帯に短し、たすきに長し」という結果になってしまうのである。

ハカマ材を、どう確保するのか？

もうひとつ悩ましい問題がある。「ハカマ材」をどう確保するかだ。木取り図Aでも木取り図Bも、サブロク合板の910ミリ幅には6本のノコギリを入れる。1本の「のこしろ」に約3ミリ、余裕を見て5ミリ必要だとすれば、実際にはこの木取り図からはハカマ材が切り出せないことになるだろう。

ここで思い出して欲しいのが、本書第2章で示した奥行き210ミリタイプの本棚の木取り図だ。あの木取り図で実際に本棚を作った人ならご存知だろうが、あの木取り図ではハカマ材が3本切り出せた。たぶん今頃は、余ったハカマ材が押し入れの奥に眠っているのではないか？

過去に本棚を作った時、余った材料は「最後のひとかけら」まで保管しているはずである。薄型タイプの本棚を作る時は、この過去の貴重な資産（レガシー）を是非とも有効活用していただきたい。

ただし、今回作る「薄型タイプ」が人生における本棚作りの第1作目だとおっしゃる方は、この過去の貴重な資産をお持ちではないだろう。この場合、大変「もったいない」方法ではあるが、先に示した600×145ミリの棚板の1枚分を犠牲にして、ここからハカマ材を2〜3本切り出す方法がある。この方法では、左ページの冒頭で「28枚」切り出せた棚板が、当然ながら「27枚」に減ってしまうのでご注意あれ。

サンパチ合板を使用する方法

　もうひとつ、サブロクならぬ「サンパチ」合板を使用する方法も解説しておこう。「サンパチ」とは「3尺×8尺」のことであり、サブロク合板よりタテの長さが600ミリほど長い。この材料から薄型タイプの本棚を作る場合は、おそらく次の木取り図が効率的に有効だと思う。

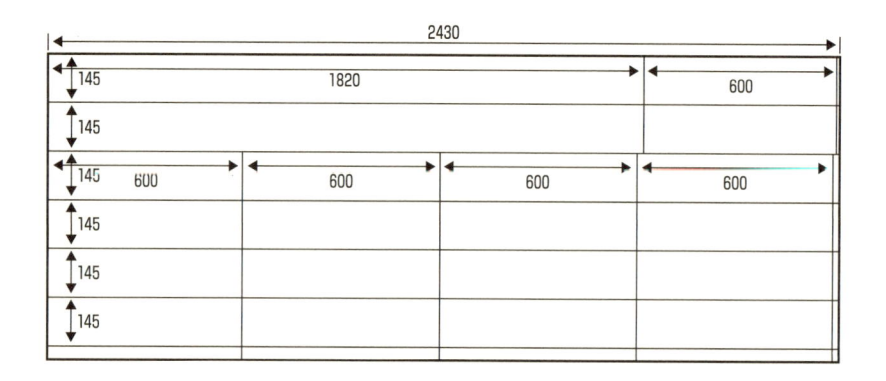

```
          2430
┌─────────────────────────┬────────┐
│↕145   1820              │  600   │
│↕145                     │        │
├───┬─────┬─────┬─────────┼────────┤
│↕145│ 600 │ 600 │   600   │  600   │
├───┼─────┼─────┼─────────┼────────┤
│↕145│     │     │         │        │
├───┼─────┼─────┼─────────┼────────┤
│↕145│     │     │         │        │
├───┼─────┼─────┼─────────┼────────┤
│↕145│     │     │         │        │
└───┴─────┴─────┴─────────┴────────┘
```

　この木取り図では、わずか1枚のサンパチで以下の材料を切り出せる。

　　　1820×145ミリの側板　　2枚
　　　600×145ミリの側板　　　2枚　　（高さ600ミリまで可）
　　　600×145ミリの棚板　　 16枚

　これは前述した全14段の音楽CD専用ラックで必要な材料と見事に一致する。全9段や全10段の本棚を1本だけ作る場合でも、サブロク合板を切り出す時よりはるかに効率的である。

　サンパチ合板は大きな建材店で入手可能だ。あるいは第3章でご紹介したように、清く正しい建具屋に注文する方法もあるだろう。いずれにせよ、サブロクの木取りで悩む時はサンパチで考えるのも大切だろう。

第8章 資料編

2. 本書第7章「実践編」の木取り図

　ご参考までに、本書第7章「実践編」で製作した本棚3本で、実際に私が採用した木取り図を掲載しておく。奥行きが違うタイプが混在したため、木取り図は文字通り「パズル」のごとき様相を呈してしまった。

　木取り図A 1枚、木取り図B 2枚、木取り図C 1枚、「合計4枚」のサブロク合板を使用して、本書第7章では

　　　① 全 8段　　奥行き210ミリ スタンダードタイプ
　　　② 全 9段　　奥行き145ミリ A5単行本専用タイプ
　　　③ 全10段　　奥行き145ミリ コミック／新書専用タイプ

という本棚を「3本」製作している。

【木取り図A】(1枚)

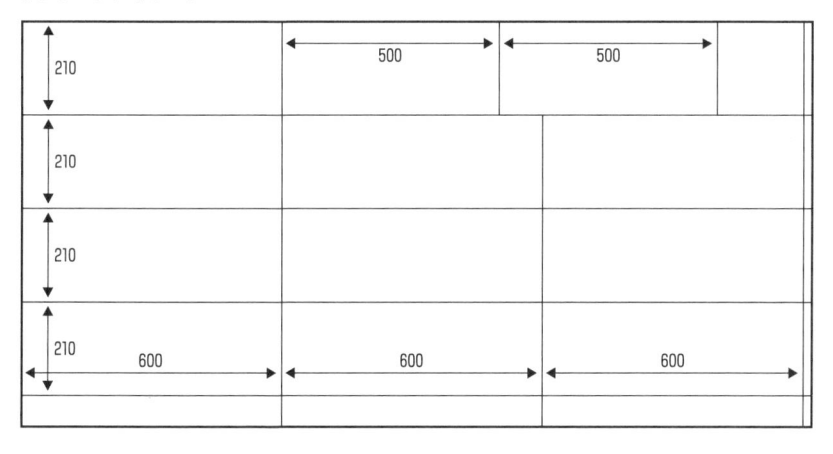

	500	500	
210			
210			
210			
210	600	600	600

【木取り図B】(2枚)

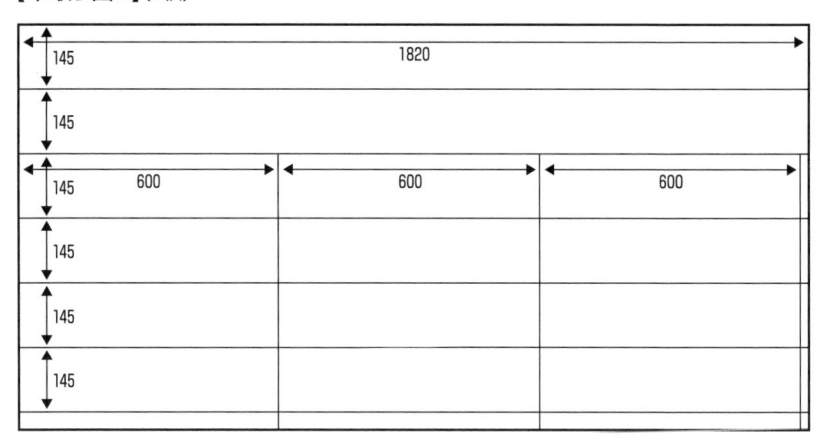

	1820		
145			
145			
145	600	600	600
145			
145			
145			

【木取り図C】(1枚)

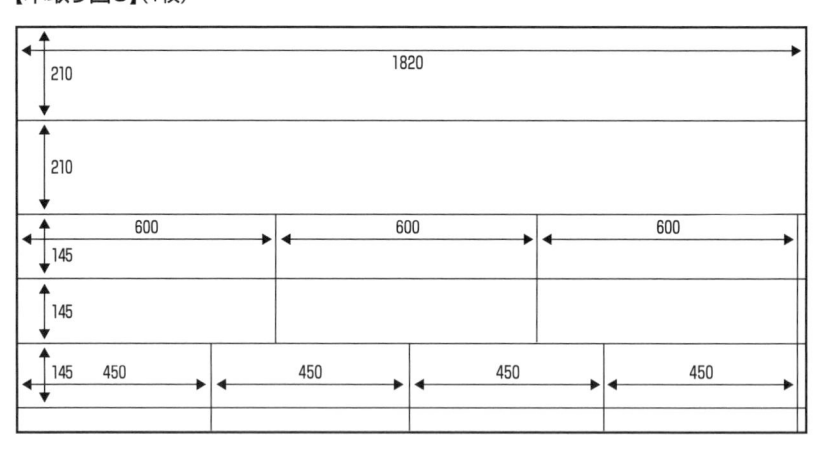

	1820			
210				
210				
145	600	600	600	
145				
145	450	450	450	450

　なお、この木取り図通りに本棚3本を作ると、600×145ミリの棚板が7枚余った。もちろんこの余り材は、私自身が将来作るであろう「清く正しい本棚」のために、今も大切に保管されているのである。

(完)

おわりに

　インターネットで公開していた自分のコンテンツに、初めて書籍化のお誘いがきたのは今から1年以上前のことだった。

　今どきWebサイトの書籍化は珍しくもないだろうが、まさか自分のコンテンツが東京の出版社の目に止まるなどとは思っていなかったので私は正直驚いた。降って沸いたような突然のお話に「これで自分も印税ガッポガポ」「寝ているうちに大金持ちになれるかも？」と、仮に私が小鼻を膨らませたとして、一体誰にそれを責めることができようか？

　しかし、東京の編集者は私に向かってこう言い放った。「戸田さんの本は、爆発的には売れません」「しかし、5年経っても10年経ってもきっとジワジワ売れ続ける可能性があると思います」「私は、そういう目立たないけどひっそりと売れ続ける、そんな本を創りたいのです！」私はその編集者の情熱に深く感心し、自分の不徳を（少しだけ）恥じた。こうして私は、今回の企画を喜んで快諾したのである。

　編集者は「戸田さんのコンテンツを前半に置き、後半は実際に本棚を作っていく過程を詳細な写真で紹介しましょう」「きっと、かつてないハイブリッドな（笑）本ができあがりますよ」などと言う。それを聞いた私は最初「ふ〜ん、東京のスタッフが本棚を作るのか」「ご苦労なことだなぁ」などと呑気に考えていた。しかし「いえいえ、本棚を作るのは戸田さんですよ？」と聞かされ、私は「どひゃ〜」と驚くことになる。

　それからが大変だった。撮影の日程は、ほどなく決定された。それによれば私は、今回企画のため本棚3本を新たに作る必要があり、しかも取材日程の関係上、実際の製作時間はわずか3日半しかなかったのだ！

過去25年間で20本の本棚を作ってきた私だが、それらはいずれも私が会社で年に1度だけ取得できる「一週間休暇中」に製作したものである。いつも「一週間で本棚2本」ペースなのに、それが今回は4日で本棚3本を塗装まで完成させるのだから、実に苛酷な注文だ。そもそも作家が新刊を「書き下ろす」という話は良く聞くが、Webの書籍化で本棚そのものを「作り下ろす」素人というのも珍しいのではないか？

　実際の撮影はさらに大変だった。東京から自宅に届いた撮影用器材の中には背景用の白い「バック紙」というモノがあって、私は本棚作りのすべての作業、すなわち、材料のケガキやドリルによる穴あけ、木ネジによる組み立て、果てはペンキ塗りの作業までを、その白いバック紙の上で「演じて」見せねばならなかったのである。

　考えてもみて欲しい。我が家は一軒家だとは言え、ごく普通の居住用一般住宅だ。そのごく普通のご家庭のリビングが簡易な撮影スタジオと化し、ところ狭しと撮影用器材が並ぶのだ。そんな中、3本のライトの照明を全身に浴びつつ、汗びっしょりになって本棚にペンキを塗る男の苦労は、それを「やった本人」にしか到底理解できないものだろう。

　予想通り、取材の撮影は時間との闘いだった。私は、前の晩のうちに事前準備を進めておき、当日の撮影が終わり編集者とカメラマンが宿に帰ったあと、続けて翌日の準備を進めなくてはならなかった。ほとんど3日間、徹夜作業の連続である。

　私の計算間違いで、途中「ヤスリがけ」の時間が足りなくなった時は地獄だった。カメラマンにまで手伝ってもらい、我々「撮影隊」は一心不乱に本棚3本を磨き続けた。すべての作業が完了したのは、眠らずに徹夜で明かした3日目の夕方である。実際には、それからペンキを塗り始めたわけであるから、今にして思えば、あの本棚が予定通りの期日にすべての撮影を完了できたのは「奇跡」に近い出来事だったと思う。

本書の第7章「実践編」で製作した3本の本棚は、このような苦労の末に完成したものである。そして、そんな苦労の末に完成した本書が、当初の編集者の目論見通り、5年経っても10年経っても「細く長く」売れ続けてくれることを私は強く願う。月並みなセリフかも知れないが本書を買って読んでくださった「あなた」に、心から感謝する次第だ。

◆　　　　◆　　　　◆

　本書上梓にあたり、株式会社スタジオタッククリエイティブの編集者岡田和也氏に深く感謝の意を捧げたい。彼の慧眼と純真無垢なる情熱がなければ、本書が世に出ることは決してなかったであろう。また、同社スタッフの皆さまにもお礼申し上げる。筆者である私が「字数を揃えた準文節改行」にこだわったため、その編集作業にはさまざまなご苦労があったことと思われる。

　2000枚の写真で、私の本棚作りのすべてを克明に記録してくれたプロカメラマン河合宏介氏にもお礼申し上げる。5日間に及ぶ取材では時間が足りず、やむなく彼にも「ヤスリがけ」を手伝わせてしまった。

　最後になったが、結婚以来22年、我が侭な夫の道楽に心底から呆れつつも、いつも黙って旨いコーヒーを淹れ続けてくれる私の妻に対して本書の最後であるこの場を借りて、一言だけ礼を述べたい。一切の家庭サービスを放棄し、4人の子供たちと犬2頭の世話のすべてを妻だけに押し付け、毎晩書斎に引きこもって趣味の世界に没頭してきた愛すべきお前の「道楽亭主」は、お前のおかげで、ついに人生初のこの本を書くことができた。まさしくこの本は、お前の「辛抱の賜物」だと思う。

　本当に、ありがとう。

高精度の切断機「アミテック社RRK300」から切り出された木材は、誤差0.5mm以下の正確さ

本棚用木材が、
木の性質を知り抜いた職人の手で、
高精度の切断機から切り出される。

ホームセンター等の設備では、通常置いていないような高精度の切断機を、大成木材では使用している。設定0.1mmまでが可能な機械から、誤差0.5mm以下の本棚木材を切断する

従来、0.1mmの誤差基準が適用される一戸建用備え付け建具の切断機を、本棚の木材用に使用している。切りしろまで計算にいれた切断がなされるために、完成後も歪みの少ない、素人離れした本棚造りが楽しめるという。正確に釘を打ち、丁寧な塗装を施すことにより、見た目にもすばらしい本棚を自作でき、理想の書斎へと一歩近付くことができる。

木材のマエストロ大西範道が、ムク材を選ばない理由

一本の丸太から切り出した一枚板は、木目がきれいに並び、見た目には良いものだが、本棚の素材には不向だ。木は木目が存在し、年月を経ると乾燥により歪みが発生する。また書籍重量は、一冊で数百グラムから数キロに達し、ムクの木材では耐えきれず、たわみが発生する。大成木材では、長年の経験から本棚に最適な合板と、集合板を用意している。目的に合わせて木材を選択し、自分好みの本棚を作成して欲しい。

書籍にはいろんなサイズがあり、自分の書籍の嗜好によって段の数等が変えられる

木材の本場、北東北の木材所から日本中の本好きの書斎に届けられる、希望通りの寸法材。

　自分の所有する本の種類、寸法の傾向に合わせて、本棚の材料となる板材の種類を選択し、書斎の形態に合わせて、天地、幅、奥行きの各寸法を自由自在に決定できる。既製の本棚では実現困難な、大いなる自由と、至福の時間が手に入る。

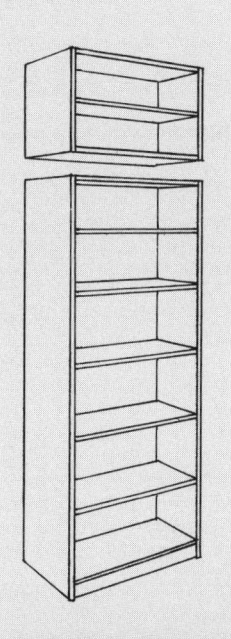

シナランバーコア(合板)21mm厚

美しい木目の品材を両面に貼り付け、中心部には木材の小片を芯材に樹脂で固めた、たわみや狂いの少ない本棚に適した合板です。インテリアに合わせて色彩豊かな塗装を施すことによって、仕上がりが引き立つ素材です。

本棚一本分(材料+断裁料)=¥16,000
本棚二本分(材料+断裁料)=¥28,000(板の取り分がいいので、二本分は割安価格です)
(下の段、高さ1,820×幅642×奥行き220。上の段、高さ450×幅642×奥行き220)

赤松フリー板(集成板)20mm厚

フィンガー・ジョイント法と呼ばれる白木の板を楔形に合わせて接続した、たわみの少ない木材です。素材を際立たせる透明系の仕上塗装により、質感が一層引き立ちます。もちろん、無塗装でも木肌の風合いを楽しむことができます。

本棚一本分(材料+断裁料)=¥24,000
本棚二本分(材料+断裁料)=¥39,000(板の取り分がいいので、二本分は割安価格です)
(下の段、高さ1,820×幅640×奥行き220。上の段、高さ450×幅640×奥行き220)

メールオーダーで注文する場合

◎ 本棚の価格に送料が本棚一本分につき¥2,000必要です。
◎ 価格はサンプル本棚(イラスト参照)の場合のものです。棚のサイズ、形等を本の種類やサイズに合わせてオーダーしたい場合は、FAXまたはメールで、事前に見積もりの確認をとってから依頼する良いでしょう。

大成木材　〒028-6103岩手県二戸市石切所荒瀬5-2　(大西恵子まで)
TEL&FAX 0195-23-4515　MOBILE 090-3121-0047
Email n.onishi@h-d-onishi.com
http://www.woodcraft-eco.com

清く正しい本棚の作り方

(TT)戸田プロダクション

2009年11月28日 発行

発行人
高橋矩彦

編集長
後藤秀之

編 集
岡田和也

アートディレクター
乃生佳代子

チーフデザイナー
小島進也

デザイナー
関あゆみ

アシスタントデザイナー
三觜 翔
粕谷江美
桑原由紀

撮 影
河合宏介

作 画
スタジオK

取材・撮影協力
有限会社 野中建具製作所
株式会社 ハウス・デポ・オオニシ
株式会社 日経BP
トステムビバ株式会社

印 刷
シナノ書籍印刷 株式会社

PLANNING, EDITORIAL & PUBLISHING
(株)スタジオ タック クリエイティブ
〒151-0051 東京都渋谷区千駄ヶ谷2-37-7 サンビューハイツ神宮302
STUDIO TAC CREATIVE CO.,LTD.
#302, 2-37-7, SENDAGAYA, SHIBUYA-KU, TOKYO, 151-0051 JAPAN
[企画・編集・デザイン・広告進行]Tel 03-5474-6200 Fax 03-5474-6202
[販売・営業]Tel & Fax 03-5474-6213
E-mail stc@fd5.so-net.ne.jp　URL http://www.studio-tac.jp

STUDIO TAC CREATIVE
㈱スタジオ タック クリエイティブ
©STUDIO TAC CREATIVE 2009 Printed in JAPAN

●本書の無断転載を禁じます。
●乱丁、落丁はお取り替えいたします。
●定価は表紙に表示してあります。

警告 WARNING

本書に記載されている内容は、著者の経験に基づく理論と実践を再構成したものです。本棚製作の実践における作業の成功、作業を行なう上での安全性などは、すべてその作業を行なう個人の技量や注意深さに委ねられるものです。よって、本書の内容に準じた作業であっても著者および出版する当社、株式会社スタジオ タック クリエイティブは、作業の結果を一切保証いたしかねます。またその作業上、使用上において発生した事故や器物の破損、損壊についても、著者および当社は一切の責を負いかねます。すべての作業におけるリスクは、作業を行なう本人に負っていただくことになりますので、充分にご注意ください。

ISBN978-4-88393-358-7